Zugewinn   **85**

Unterhalt/Sklavenmoral   **94**

Kindesentfremdung   **111**
Die Opfer der Rosenkriege

Vorspiel

Liebe Väter und Männer,

nach über zwei Jahren Kindesentzug, unendlich vieler nichts bringenden Besprechungen bei Ämtern, Sozialpädagogen und Gerichtsverhandlungen entschloss ich mich, dieses Buch zu schreiben. Alle Freunde hielten mich für verrückt, diesen schier endlosen Kampf auf solche Art und Weise zu führen. Da ich generell die Deutschen eher als ein Volk von „Jasagern" halte und bemerkte, dass Scheidungs-Kritik zwar geäußert wird, dies aber nur sehr spärlich von den Medien publiziert und dadurch zu wenig politischer Druck aufgebaut wird, bleibt wohl oder übel alles beim Alten. Nur am Biertisch maulen bringt da zuwenig. Die nächsten 210 Seiten werden sie dort hinführen, wo sie sich als Trennungsmann wieder finden. Ich klage an: Frauen, die über Jahre hinweg ihre Kinder von den Vätern fernhalten, zu Unrecht Unterhalt kassieren und den Zugewinn mit allen möglichen Tricks nach oben schrauben. Ich klage an: die Jugendämter, die niemals aus ihrem Dornröschenschlaf aufwachen und nur den Frauen zugeneigt sind. Ich klage an: die Familiengerichte die sich zuwenig im Sorgerechtsverfahren den Männern annehmen und noch nicht erkannt haben, dass Gleichberechtigung zwischen Mann und Frau etwas ganz anderes ist, als sie derzeit umsetzen. Ich klage an: die Rechtsanwälte, die ihren Mund bei Gerichtsverhandlungen nicht aufbringen und die Männer bei Verhandlungen quasi im Regen stehen lassen.

Dieses Buch wird sicherlich genügend Anstoß geben, Gespräche zu führen und den endlosen Geschlechterkampf zu thematisieren. Insgeheim wünsche ich mir, dass möglichst schnell die Gesetzeslage geändert wird und Gleichberechtigung und vor allem **SOZIALE GERECHTIGKEIT** in Deutschland zwischen Mann und Frau hergestellt wird.

Sollten sie dennoch in den Hafen der Ehe einfahren, passen sie teuflisch auf ihre **Schwiegermutter** auf. Denn wenn die gegen sie ist, ist meist ihr fröhliches Liebes-/Eheleben zu Ende. Also keine Widerrede bei dieser Zielgruppe. Es sei denn, sie haben eh schon vor, sich von der Alten zu trennen oder mit der Neuen ein schönes Leben aufzubauen.

TIPP
Es empfiehlt sich immer, vor der Heirat die Mutter ganz genau anzusehen!

Erniedrigend, beleidigend, demütigend...

Die festgelegten Umgangszeiten mit Papas Kindern, acht Stunden im Monat, sind nicht ausreichend, um eine gelebte Beziehung zum Vater zu erhalten. Ein Schlag ins Gesicht für alle Väter in Deutschland, die sich um ihre Kinder kümmern wollen. Ein Triumph für diejenigen "Mütter" die sich einen Dreck darum scheren, dass "ihre" Kinder einen echten Papa haben. Deutsche Frauen müssen nur lange genug blockieren, genug lügen und verleumden, dann macht der/die Richter/in schon das, was sie will.

Der Beschluss weicht deutlich von den Empfehlungen vieler Sachverständiger/Gutachter ab. Ein/e Richter/in – der/die erst vorgibt, in der Sache nicht entscheiden zu können, deshalb einen Gutachter einsetzt (zur Beweisaufnahme) und dadurch das Verfahren unnötig in die Länge zieht, hat dann plötzlich soviel e i g e n e n Sachverstand, einen Beschluss zu verkünden, der nichts, aber auch gar nichts mit den Empfehlungen der Europäischen Kommission für Menschenrechte oder der UN-Kindschaftskonvention zu tun hat. Quelle: Papa/Forum

Auch wenn das ihnen vorliegende Buch einen Rundumschlag an alle Frauen darstellt, so sind es meiner Meinung nach ca. 30% der Hexen, die ihre Männer bei der Scheidung abzocken und die Kinder nicht rausgeben. Die restlichen 70% können sich beruhigt zurücklehnen und sich als nicht betroffen zählen.

Der Autor hat weder Jura noch Germanistik studiert und ist bodenständiger Arbeitnehmer. Er nutzte dieses Buch als Ventil für viele Jahre, um die Unmenschlichkeit der Kindesentfremdung durch die Mutter auszuhalten und er schrieb es für Männer, die Ähnliches erfahren haben.

Ihr Autor und Co-Autoren

Viel Spaß beim Lesen!

Nothelfer auf 20 Seiten

Typische Männerfehler

Vermeiden sie bitte die immer wieder vorkommenden Männerfehler, und die lauten wie folgt: Männer wollen einfach nicht wahrhaben, dass die Geschichte zu Ende ist, warten viel zu lange ab, weil sich ja noch was ändern könnte. Meine Liebste kann ja doch noch zurückkommen und es sich anders überlegen. Es war doch so eine schöne Zeit. Sie werden auf den Nimmerleinstag warten und er wird nicht kommen. Der Grund dafür ist: Um etwas zu tun, hat es der andere Partner bereits mehrfach im Kopf analysiert, begutachtet, umgebaut und erst zum Schluss realisiert und ausgesprochen. Kein Mensch macht etwas, ohne dabei vorher nachgedacht zu haben. Aus solidarischer Einstellung meinen sie, als nächstes auch noch Zugeständnisse machen zu müssen, weil sie ja keinen Ärger haben wollen, auch der lieben Kinder wegen. Frauen schmieden bereits die ersten Kriegsziele und Männer glauben noch, sie könnten das aussitzen. Frei nach dem Motto: „Das wird bestimmt schon wieder!" Denkste, nichts mehr wird so wie früher sein. Sie ziehen in den Kampf und das mit Leib und Seele. Rüsten sie mit Munition auf, es wird ein langer und harter Kampf. Früher kämpfte man mit Waffen, heute ist es Information und Dokumentation die sie dringend benötigen. In fast 75% der Scheidungsfälle haben die Frauen es bereits generalstabsmäßig aufgebaut und sind dementsprechend gut vorbereitet. Nachbarn, Freunde, Jugendamt sind schon lange informiert und oft hat sie sich schon einen Anwalt ausgesucht und da sprechen sie noch verdusselt über die wiederkommende Liebe und dem Familienglück. Ihre Ex-Frau weiß zu diesem Zeitpunkt schon, was sie später einmal von ihnen im Monat erhalten wird. Würde es zu wenig sein, ließe sie ab von ihrer Tendenz und sie würde es evtl. nochmals weiter mit Freundschaft und Ehe probieren. Es gibt keine saubere Trennung, nein, hier wird die dreckigste Wäsche gewaschen die sie jemals gesehen haben. Und den Satz: „Wir nehmen uns einen Anwalt zusammen", ist und wird die größte Lachnummer, wenn es um unterschiedliche Auffassungen zu Umgangsrecht, Unterhaltszahlungen und dem Zugewinn kommt.

Aus der männlichen Kompromissbereitschaft und der momentanen Bewegungslosigkeit wird versucht, möglichst schnell und viel Profit zu schlagen. Gnadenloser Kampf um die Kohle, egal mit welchem Einsatz. Oftmals ein ungleicher Kampf, weil hinter einem schmächtig anmutenden Fräulein doch ein Feuer speiender Drachen steht. Die Brutstätte von Hass und Verleumdung wird zum todbringenden Schlangengift für ahnungslose Väter. Ja! es war vielleicht eine schöne Zeit aber trauen sie ab dem Zeitpunkt und der Aussage: „Ich trenne mich von dir" oder wie auch immer in dieser Wortwahl, ihrer Ex-Frau kein Wort mehr. Zweifeln sie alles an, jedes Dokument von ihr, jede Aussage, wirklich alles. Lügnerinnen erwecken Vertrauen und lassen den Gegner dann am langen Arm verhungern.

Feldzugtaktik

Sperren sie alle Kreditkarten, Einzugsermächtigungen und ebenfalls Bankkonten. Prüfen sie die bestehenden Darlehensverträge und ändern sie diese zu ihren Gunsten, falls es möglich ist. Wenn sie eine gemeinsame Schuldbelastung für eine Immobilie haben, wird das Kreditunternehmen ihre Frau nicht so schnell rauslassen, weil es ja auch die zweite Sicherheit ist, wenn sie nicht mehr zahlen können. Hierbei könnte jedoch ihre Mutter als neuer Kreditnehmer einsteigen. Jedoch hat sie dann auch die Verpflichtung und ist voll mit im Boot. Klären sie diese Themen mit einem befreundeten Bankangestellten (falls sie einen haben) und mit ihrem

Kreditgeber. Gibt es noch Schließfächer oder hinterlegtes Geld? Falls ja, bringen sie es in Sicherheit. Bargeld geben sie auf eine nur ihnen bekannte Bank und sagen, sie möchten keinen Briefverkehr zu ihnen nach Hause. Sie müssen dann lediglich einmal im Jahr auf diese Bank und quasi unterschreiben, dass sie noch leben und auch noch tolerieren, dass sie einen erhöhten Steuersatz haben, weil die Freibetraggrenze (fürs Finanzamt) nicht unterschrieben wird. Aber das sagt ihnen die nette Dame von der neuen und geheimen Bank. Vertrauen sie dieses Bankgeheimnis nur ihrer Mutter oder dem Vater an. Sonst wirklich keinem. Selbst der beste Freund ist gegen sie, wenn ihre Ex, ihrem besten Freund schöne Augen macht und ihn eventuell sogar ins Bett zieht.

Da sind sogar schon Anwälte umgefallen, wenn Frauen ihre Sexy-Waffen auspacken und dem Gegner vorlegen. Der fällt um, begattet ihre Ex und ist gegen sie. Er hilft ihrer Gemahlin. Hab ich selbst erlebt, sonst würde ich es nicht glauben und schreiben.

Sichern sie weiterhin ihr Eigentum, z.B. das Auto, Motorrad usw.. Stellen sie das gute Stück zu einem befreundeten Nachbarn. Schreiben sie sofort die Lebensversicherung auf sich, die Eltern oder die Kinder um. Prüfen sie auch die Notwendigkeit, ob es noch Sinn macht, Versicherungen weiter am Leben zu erhalten. Kündigen sie z.B. Familienrecht-schutzversicherungen. Ändern sie alle Zugangsberechtigungen am PC oder aktivieren sie passwortgeschützte Dokumente. Falls sie Passwörter eines anderen ausspionieren möchten, kaufen sie sich für ca. 20 Euro einen Passwortdongle. Der wird zwischen dem Keyboard und dem PC dazwischen geschaltet und der zeichnet die ersten 2000 Tastaturbefehle auf. Und was glauben sie, womit man anfängt zu schreiben am PC? Telefonnummern der angerufenen Nummern sollen aus dem Speicher entfernt werden, es muss ja nicht sein, dass ihre Ex sofort die Nummer von Ihrem Anwalt oder der neuen Freundin weiß. Schlüssel und somit die Schließzylinder können mit nur 10 Euro pro Schloss gewechselt werden und es kommt nur noch der oder die in die Wohnung oder in das Anwesen, den sie vertrauen. Vor allem kann ihnen dann die Ex nichts mehr klauen. Verteidigen sie ihr Hab und Gut so professionell wie es nur geht. Sorgen sie dafür, dass ihre Post nicht gelesen wird. Die von ihrer Frau können sie ja ruhig lesen und später fortwerfen. Zumindest so lange wie sie noch verheiratet sind. Mit E-Mails können sie genau so verfahren. Ändern sie ihr Testament, aber achten sie darauf, dass es handschriftlich geschrieben ist und geben die Duplikate ihrem besten Freund und ihrer Mutter, bzw. ihrem Vater.

Hinweis zum Testament

Alles ist handschriftlich niederzuschreiben, mit Datum zu versehen und selbst zu unterschreiben. Testamentsvollstrecker und Vermögensverwalter sind namentlich und mit Anschrift anzugeben. Das muss drin sein, weil es sonst ungültig ist.
Dann noch Kopien der Versicherungspolicen, Grundbuchauszüge und Bankkonten beilegen und das Original dem Testamentsvollstrecker in verschlossenem Umschlag geben, mit dem Vermerk, es nur beim Ableben zu öffnen und entsprechend der Verfügung zu verfahren. Der Testamentsvollstrecker muss kein Anwalt oder Notar sein. Hinterlegen sie das Original bei Ihnen und zwei verschlossene Duplikate bei ihrer Mutter und beim besten Freund. Für den Fall, dass das Kind vor der Mutter stirbt, kann ein Nacherbe benannt werden. Das Kind als sogenannter nicht befreiter Vorerbe kann damit die Früchte der Erbschaft genießen, hat aber die Substanz der Erbschaft für den Nacherben zu erhalten. Vorsicht: Erbrechtsfragen erfordern Fachberatung, die am besten ein Notar liefern kann.

Weiter im Feldzug

Solange sie noch mit ihrer Noch-Frau reden können, fixieren sie alles schriftlich, weil nur das zählt. Sie brauchen später nicht anzukommen und vor Gericht sagen: „ja sie hat doch gesagt", das glaubt ihnen keiner mehr! Hierzu gehören geregelt: Geldangelegenheiten, Kinder, Vereinbarungen über Umgangsregelung, Hausrataufteilung usw. Missbrauchsmöglichkeiten sofort beseitigen. Unter anderem wären das Kontovollmachten, Sparbücher, Vereinsmitgliedschaften usw. Ändern sie ihre neue Adresse von sich und die ihrer Ex beim Einwohnermeldeamt, aber Vorsicht, sie werden dann i. d. R. ab Jahresanfang in eine andere für sie ungünstigere Steuerklasse eingestuft. Diese Rückzahlung wird sie empfindlich treffen und gleich vom Gehalt abgezogen. Stellen sie sich schon mal auf 1500 – 2000 Euro ein, dann tut es nicht mehr so weh. Sprechen sie beim Jugendamt vor, wenn es Probleme mit dem Umgangsrecht gibt und notieren sie sich den Verlauf der Besprechung. Besorgen sie sich eine Anwältin. Als Autor bin ich ja geneigt in diesem Buch Frauen komplett rauszulassen, aber in diesem Punkt ist es wirklich besser, eine Frau zu nehmen. Näheres finden sie im Kapitel guter Anwalt, schlechter Anwalt. Anwaltszwang haben sie bei einer Scheidung ohnehin. Und den Glauben zu haben, es mit einem Gemeinsamen zu beenden, können sie getrost vergessen. Besorgen sie sich wichtige Dokumente, wie Geburten- und Ehebuch, denn sie brauchen viele Kopien.

Generell werden nur Kopien ausgegeben und nie Originale. Eine kurze Dokumentation der Angelegenheiten kann in späteren gerichtlichen Auseinandersetzungen (Sorge- und Aufenthaltsbestimmungsrecht) gute Dienstbarkeiten leisten, vor allem auch, wenn es um ihre Kinder geht und der Vorwurf entkräftet werden muss, der Vater hätte sich zu wenig um die

Kinder gekümmert. Sie können auch den Tagesablauf der Mutter in eine Tabelle eintragen. Gerade dann, wenn etwas nicht so passt wie es für fürsorgliche Mütter von Nöten ist. Was bekommen die Kinder zum Essen, wann gehen sie zu Bett, wann und wie lernen sie, wie sieht ihre Freizeit aus. Werden die Arztbesuche mit ihnen abgestimmt, was rechtlich so sein muss. Schreiben sie alles auf, was später nützlich sein kann. Ein persönliches Tagebuch für später ist wichtig, wenn sie sich vor ihren Kindern rechtfertigen müssen. Nur so können sie es nach vielen Jahren noch belegen und beweisen. Kindesentfremdende Mütter haben 1000 Gründe die Kinder nicht an den Papa auszuliefern und sagen dann später: „Er hat sich nie um dich gekümmert". Daher: „Schreiben sie alles auf!" Wenn sie Zeugen haben, dann noch besser, falls die auch vor Gericht für sie aussagen. Diese Fakten zählen vor Gericht, Ämtern, Schulen und anderen behördlichen Einrichtungen. Trennungen einer Familie und der Wegfall der Kinder bedeutet einer der schlimmsten Erfahrungen, die sie in ihrem Leben machen. Und es wird sich in alle ihre Alltagsbereiche indizieren. Sorgen sie für eine finanzielle Notreserve, weil bald die ersten Zahlungen eintreffen, wie Rechtsanwaltgebühren, Umschreibungen, Gutachten für Hausbewertung oder kinderpsychologische Gutachten usw. Ziehen sie nicht aus ihrem Haus oder der gemeinsamen Wohnung aus, lassen sie sich hier nicht übers Ohr hauen, zeigen sie hier den längeren Atem und bleiben sie standhaft. Unternehmen sie alles, dass ihre Ex auszieht und nicht sie, es sei denn sie haben ohnehin vor ins Ausland zu ziehen oder unter der Brücke zu nächtigen. Nur ein Gericht kann sie mittels Polizei von der eigenen Wohnung rauswerfen und das dauert einige Zeit. Falls sie es können, bleiben sie cool und penetrieren sie ihre Noch-Frau, sie möge doch endlich ausziehen und zu ihrer Mutter, zumindest für eine gewisse Zeit ziehen. Wenn die dann schon mal draußen ist, kommt die auch nicht wieder rein.

Leider gibt es das Gewaltschutzgesetz, was kleinen Polizisten das Recht gibt, sie aus der eigenen Wohnung rauszuschmeißen. Ob die Vorwürfe nun gerechtfertigt sind oder nicht, spielt dabei keine Rolle. Sollten sie dann rechtlich die Rückkehr in ihre Wohnung durchgesetzt haben, werden sie diese leider leer vorfinden. Mit den Waffen einer Frau zu kämpfen, wäre unter anderem, gleich die neue Freundin der Ex vorzustellen und zu sagen: „... die bleibt heute über Nacht bei mir". Das ist wirklich krass und da bleibt kein Frauenauge trocken und dann sind sie die Ex wirklich los.

Männer leisten monatlich 2 Milliarden Euro an Unterhalt

Wie gehen sie mit Stress um?

Regelrecht wird es um drei Dinge gehen und die lauten wie folgt: Wer bekommt die Kinder und wann darf der Papa sie sehen, wie einigt man sich über die finanziellen Angelegenheiten, wie z.B. Unterhaltszahlungen und Zugewinn und in welcher gesundheitlichen Verfassung sind sie in und nach der Trennung. Mein Anwalt bestätigte mir immer, ich solle mir die schönste Zeit meines Lebens machen, aber es war und ist nicht einfach, das größte Problem aller Zeiten einfach zur Seite zu legen und so zu tun, als hätte man alles im Griff. Dass die Mutter ganz unzweifelhaft die Kinder für sich beansprucht und in der Regel damit auch durchkommt, dürfte bei der jetzigen Gesetzeslage klar wie Kloßbrühe sein.

In keinem anderen Punkt geben Väter widerstandsloser und früher dem Wunsch der Mutter nach und bekommen bei Gericht auch noch zu 99% das Sorge-/Umgangsrecht zugesprochen. Isolations-Papas werden hier noch zehn Jahre warten müssen, bis auch die letzten Behördenschläfer aufwachen und sich für die Belange der Väter einsetzen. Leider schreiben wir erst das Jahr 2006. Im Zuge einer anwachsenden EU-Rechtsform wird sich hier noch einiges tun und selbst der Gesetzesentwurf zu den geänderten Unterhaltszahlungen soll Mitte 2006 neu im Bundestag debattiert und abgeändert werden. Die Mütter geben in der Trennung meistens die Richtung vor, die Väter reagieren nur, nachdem sie vor vollendete Tatsachen gestellt wurden. Vor allem sind aber die Kinder eine Art Freispruch für das Mitverschulden der Kindsmutter am Scheitern der Beziehung. Solange die Kinder bei der Mutter wohnen, ist sie die Gute. Der Entzug von den eigenen Kindern bedingt durch die Mutter ist das „Abartigste" was eine Frau einem Vater antun kann und das wird wohl auch nur derjenige verstehen, der es am eigenen Leib erlebt hat. Wenn Jugendämter und Richter den Umgang völlig lapidar für sechs Monate aussetzen können, zweifle ich nicht nur an deren Kompetenz, sondern degradiere sie als unnötigen Ballast an Steuergeldern. In Amerika wird nach spätestens sechs Wochen der Umgang zu den eigenen Kindern ermöglicht. Hier in good old germany sind wir da noch weit davon entfernt. Und das egal, ob sie verheiratet waren oder nicht. Vater ist und bleibt Vater, mit oder ohne Trauschein – basta. Natürlich können sie das Aufenthaltsbestimmungsrecht beantragen, das alleinige Sorgerecht und die Umgangszeiten einklagen, jedoch muss dazu die Frau und Mutter ihren Willen zeigen. Falls nicht, dann haben sie eben Pech. Scheuen sie sich keinesfalls selbst an das Familiengericht zu gehen oder dieses anzuschreiben. Drohen sie nicht nur, sondern klagen sie und wenn die ganze Sache zu lange dauert, mahnen sie das Gericht an. Die Gerichte sind Profis für Zeitverschwendung, drei Monate sind da gar nichts. Selbst für ein Gutachten, wie das oft vom Familienrichter geforderte kinder-psychologische Gutachten, kann schon sechs Monate dauern bis die Sache beendet ist und der Bericht ans Gericht geht. Sie arbeiten gegen die Zeit, das kann bei der Geldsituation aber auch von ihrem Vorteil sein, weil sie in diesem Zeitraum Geld verdienen können.

Es ist angenehmer, wenn zuerst Unterhaltsberechnungen vom Rechtsanwalt berechnet werden und nach einigen Monaten die Zugewinnberechnung. Würde alles auf einmal kommen, würden sie zusammenklappen wie ein Kartenhaus. 10'000 Euro für Rechtsanwalt, 4000 Euro für Gutachten, Zugewinnauszahlung 20'000 Euro, Gerichtskosten 3000 Euro und dann noch die Steuerklassenänderung, dann wird's richtig gemütlich. Aber Kopf hoch, das haben doch auch andere geschafft und sie auch! 70% der Trennungsväter leiden unter gesundheitlichen Problemen, die oft in chronischen Krankheiten enden. Schlaflosigkeit bis zur völligen Erschöpfung, Verlust der Konzentrationsfähigkeit, Herzrhythmusstörungen und Probleme mit dem Magen sind die häufigsten Symptome. Hinzu kommen psychische Probleme.

Kindeswohl

Da bei Trennung die Ängste der Kinder sehr groß sind, einen oder beide Elternteile zu verlieren, müssen sie viel mit den Kleinen sprechen und ihnen das Gefühl geben, Sie sind auch weiter der Papa und bleiben es auch für sie. Es setzt natürlich voraus, dass der Vater generell an einem Umgangsrecht interessiert ist. Vereinbaren sie möglichst einen einvernehmlichen Abschluss zwischen den Eltern über das Sorge- und Umgangsrecht. Notwendig ist ferner ein Besuchstimer, welcher den Kontaktbedürfnissen der Kinder ebenso entgegenkommt, wie der Zeiteinteilung und den Lebensbedürfnissen der Eltern. Dabei ist eine gewisse Flexibilität durchaus notwendig, das Mindestmaß der regelmäßigen Kontakte muss jedoch unbedingt zeitnah geregelt sein, weil solche Regelungen den Kindern Sicherheit gibt. Die Besuchszeiten sollten sich nicht ausschließlich auf Wochenenden und Ferien beschränken, damit auch der Alltag (mit seinen Pflichten und Grenzen) in der Beziehung zwischen Kind und Vater Platz hat. Bei Geschwistern sollte von Zeit zu Zeit auch die Möglichkeit bestehen, den Papa (ohne Bruder oder Schwester) allein für sich zu haben. Für diese Vereinbarungen sollten sich die Eltern der Familien- oder Erziehungsberatung bedienen und in jenen Fällen, wo die Konflikte ein Finden gemeinsamer Lösungen nicht ermöglicht, die Hilfe von Mediatoren in Anspruch zu nehmen, z.B. Caritas oder andere soziale Einrichtungen. Rechtsanwälte machen zwar auch den Job der Mediatoren, aber da können sie bis zu 300 Euro die Stunde hinlegen.

Frau mit Kindern ausgezogen

Zunächst stellt sich die Frage, ob sie das eigentlich darf. Alleine und ohne ihren Hausrat darf sie das Allemal, aber meist sieht es ja anders aus und die Damen nehmen alles mit, was nicht niet- und nagelfest ist. Die Kinder sind da sowieso dabei und das dürfte sie eigentlich nicht. Aber Frauen in Deutschland dürfen fast alles und kommen damit ganz gut durch, denn sie haben ja nichts zu befürchten. Oder haben sie schon einmal Polizisten gesehen, die eine Mutter mit ein / zwei Kinder in Handschellen abführt? Ich noch nicht! Im Gegensatz zu uns Männern, denn würde sie das machen, mit ihren Kindern ins Ausland abhauen, werden sie über Interpol gesucht und falls die sie dann fassen, stehen sind sie wegen Kindesentführung vor dem Kadi. Erstatten sie aber im obigen Fall sofort Strafanzeige wegen Kindesentziehung beim zuständigen Amtsgericht bzw. Familiengericht und sorgen sie für Auskunft und Klage zum Aufenthaltsbestimmungsrecht.

Problematisch wird es auch, wenn ihre Ex-Geliebte-Frau weit von ihnen wegzieht und sie sehen die Kinder nicht, weil ihnen das Geld fehlt für die Fahrt zu ihr mit Bahn oder Auto. Da können sie eigentlich nur Kleinbeigeben, weil ihnen der Staat kein Geld für diesen Zweck geben wird. In manchen Fällen verschwindet die Mutter mit den Kindern spurlos und gibt den Aufenthaltsort der Kinder nicht an. Der Vater kann dann einen Detektiv beauftragen, dessen Kosten die Frau zu bezahlen hat, wenn sie gefunden wird. Gibt die Mutter den Aufenthaltsort der Kinder nicht bekannt, könnten theoretisch bis zu 6 Monate Beugehaft veranlasst werden. In der realen Praxis kommt es nie dazu.

Zahlungsunfähig! was tun?

Wenn sie von vornherein schon wissen, dass sie finanziell platt sind, lassen sie alle Forderungen auf sich zukommen und stellen dann über einen Anwalt oder bei Gericht eine Privatinsolvenz. Da müssen sie dann sechs Jahre pleite sein, also sprich Nichts verdienen, aber danach sind sie wieder frei. Jedoch entbindet sie das nicht von der Unterhaltspflicht für ihre Kinder, diese Zahlungen müssen sie leisten, bis die dann volljährig sind. Aber mit diesem taktischen Zug sparen sie sich schon mal sechs Jahre Zahlungen an die geschiedene Ehefrau. Im Geschäftsleben ist diese Art und Weise der Schulden-bereinigung schon seit Jahren bekannt und wird sehr gerne angenommen und das noch vorhandene Geschäft wird auf die Freundin oder die Mutter übertragen. Gepfändet wird dann bei einer Privatinsolvenz nur noch bis zum pfändungsfreien Betrag, den man ihnen zum Leben lassen muss. Alle Einkünfte, die sie erzielen, müssen sie bei der Unterhalsberechnung angeben. Die Ex muss das ebenfalls. Hier gibt es einige Tricks, die ich ihnen im Kapitel Unterhaltszahlungen näher erläutern möchte. Legale Arbeitsbemühungen werden ihnen daher auch nicht so viel Freude bereiten, wenn sie wissen, die Hälfte davon geht an ihre Ehemalige. Daher könnten sie -aber bei größter Vorsicht- der Schwarzarbeit geleiten. Steuerlich illegal, aber für Männer die einen Wahnsinnsklotz am Bein haben, oft die letzte Chance. Wenn sie neue Einnahmen generieren, können diese ja auch über Scheinkonten laufen, also wird die Mutter als Kontoinhaberin eingetragen oder Mietverträge umgeschrieben. Lassen sie sich was einfallen, denn es geht um sehr viel Geld. Im Übrigen haben sie immer die Möglichkeit, Deutschland zu verlassen und selbst in einem EU-Land wird man sie wegen Unterhaltsverletzung nicht suchen und stellen. Empfehlenswert wäre hierbei aber, den Zahlungswillen erkennen zu lassen. Das sieht dann so aus, dass sie alle zwei Monate ihrer Tochter oder dem Sohn 200 Euro senden und das auch dem Jugendamt so mitteilen. Und sie interpretieren, dass sie bei Leibe in diesem fremden Land nicht mehr verdienen. Drücken sie wie die Frauen auf die Tränendrüse und sagen den Behörden, sie nagen am Hungertuch und versuchen eine andere Arbeit zu bekommen, was aber im entfernten Land nicht so leicht ist. Das Auswandern von Vätern in fremde Länder ist kein feiges Davonlaufen, sondern der reine Überlebensversuch, die eigene Haut zu retten. Im Übrigen sind die meisten Sozialhilfeempfänger allein erziehende Mütter. Vater Staat schmeckt das wohl gar nicht, aber er kann es nicht ändern. Sollte er nun die Gesetze auch noch Väterfreundlicher machen, kommen auf ihn noch weitere und größere Belastungen zu. Internationale Haftbefehle wegen Unterhaltspflichtverletzung gibt es nicht. Verurteilungen in Deutschland verjähren gemäß §78 StGB nach fünf Jahren.

Selbstverständlich können sie auch die kostenlosen Leistungen der Sozialhilfe in Anspruch nehmen. Bei Verlust der Arbeit wird zwar gerne von den Gerichten ein fiktives Einkommen angenommen, jedoch lässt sich das auf Dauer nicht durchsetzten, wenn sie wenig oder gar kein Geld verdienen, kann man es ihnen nicht nehmen. Am schönsten können sie ihr Geld verstecken und der Ex-Frau nicht zahlen, wenn sie sich selbstständig machen. Bei Selbstständigkeit drehen sie die Zahlen so hin, wie sie es gerade brauchen. Egal ob die Steuerabgabe im Quartal oder am Jahresende erfolgt, sie kaufen dann einfach für ihr Geschäft ein Firmenauto oder eine neue Büroeinrichtung und senken den Gewinn auf ein Minimum. Noch besser ist es, wenn sie gar Verlust machen. Viele Geschäftsleute leben vom Verlust, fahren aber den dicken Benz und sind fünfmal im Jahr im Urlaub. Falls sie noch als Angestellter arbeiten, sprechen sie mit ihrem Chef darüber, als Freiberuflicher für ihn weiter zu arbeiten. Für den Chef ist das meist sehr lukrativ, weil er dann für sie keine Sozialleistungen mehr zahlen muss. Ist dann der Mix noch mit Schwarzgeld behaftet, also die Auszahlung auf Stundenbasis und nebenbei so um die 400 Euro black (schwarz), tolle Sache oder. Aber lassen sie sich nicht vom Zoll oder ihrer Ex erwischen, die finden das beide gar nicht lustig.

Finaler Todesschuss vom Jugendamt

Im Falle einer nicht erbrachten Unterhaltszahlung für die Kinder oder die Ex-Frau zappeln Jugendämter leider gar nicht lange herum, um sie mit Lohn- und Gehaltspfändung oder gar einer Sachpfändung zum Erliegen zu bringen. Nach deren Ansicht sind sie der zahlungsunwillige Verbrecher und nicht ihre Ex-Frau, die schon Jahre nicht mehr in die Arbeit geht und sich einen faulen Lenz macht. Ein leichtes für diese Behörde, sie finanziell so platt zu machen, dass sie garantiert bis an ihr Lebensende frustrierter Sozialhilfeempfänger bleiben. Wichtig ist, zahlen sie - wenn sie können - immer bis spätestens jeden 5. im Monat und im Voraus an die liebe Ex, dann haben sie wenigstens vom Jugendamt ihre Ruhe. Im Falle eines pfändbaren Titels werden sie bis zum Sozialhilfesatz gepfändet und ihnen bleibt nicht mehr als der notwendige Selbsterhalt von 980 Euro. Sollten sie als fast lebenslanger Zahler ausfallen, springt das Sozialamt für ihre Ehemalige ein und zahlt statt dem 135%-Regelbetrag viel weniger (denn staatlich alimentierte Kinder sind genügsamer). Bei Unterhaltsvorschuss wird plötzlich der Kindergeldanteil des Verpflichteten vom Staat einkassiert (den bei 100%-Regelbetragszahler vollumfänglich die Mutter einkassieren darf) und für die betreuende Unterhaltsempfängerin wird eigene Arbeit plötzlich zumutbar (solange der Ex-Mann bezahlt, ist sie unzumutbar). Der Unterhaltspflichtige wird damit mit voller Absicht zum Langzeit-Sozialfall gemacht, auf dessen Schultern sich immer höhere, unbezahlbare Unterhaltsschulden anhäufen, der auch keine eigenen Rentenansprüche mehr aufbauen kann.

Hausrat

Gelegentlich kommt es vor, dass die Wut gegenüber dem anderen Ehegatten ins Unermessliche gesteigert wird. Jeder Porzellanteller, jede Vase, jeder Zahnputzbecher etc. wird zum Gegenstand einer heftigen Auseinandersetzung. Solche Streitigkeiten kosten sowohl den Ehegatten als auch allen an den Verfahren beteiligten Personen viele Nerven und viel Zeit. Die wirklichen Ursachen des Konfliktes werden durch einen Streit über Hausratsgegenstände nicht gelöst. Grundsätzlich gehören jedem Ehegatten die Gegenstände, die er/sie bereits vor der Ehe besessen hat. Alle während der Ehe angeschafften Hausratsgegenstände werden grundsätzlich zum gemeinsamen Eigentum der Eheleute. Diese im Eigentum beider Ehegatten stehenden Gegenstände werden nach der Trennung gleichmäßig zwischen den Ehegatten aufgeteilt. Sofern sich die Eheleute nicht außergerichtlich einigen können, kann eine gerichtliche Aufteilung des Hausrats vorgenommen werden.

Um unnötig Streitigkeiten zu vermeiden, sollten die Ehegatten gemeinsam aufschreiben, welche Gegenstände sie während der Ehe angeschafft haben. Anschließend sollte bewertet werden, welchen Wert die Gegenstände zum aktuellen Zeitpunkt noch haben. Die Hausratsgegenstände sind dann wertmäßig gerecht zwischen den Ehegatten aufzuteilen. Eine eher praktische Möglichkeit wäre da noch, jeder nimmt sich nachfolgend einen Hausratgegenstand, bis alles weg ist. Im Übrigen zählen auch Haustiere zum Hausrat. Häufig ist fraglich, welche Gegenstände vom Hausratsverteilungsverfahren erfasst werden.

Gerichtsvollzieher

Sollte aufgrund ihrer miserablen Zahlungsweise der OGV (Obergerichtsvollzieher) bei ihnen vor der Haustüre stehen, wird der wohl bei ihnen pfänden wollen. Der überprüft dann die Wohnung und dessen Sachwerte, bzw. das was halt noch zu holen ist. Besser sie schützen vorab die Wertgegenstände wie PC und Elektronik-Geräte indem sie einer Person ihres Vertrauens die Teile sicherheitsübereignen. Dann darf der Gerichtsvollzieher die Sachen nicht mitnehmen, weil sie ja ihnen nicht gehören. Sie haben es lediglich als Pfand, weil ihr Freund ihnen noch z.B. 800,- Euro schuldet. Und weil der es jetzt zurzeit nicht zurückzahlen kann, ist das gute Stück eben bei ihnen. Das können sie auch bei einer Mobiliarvollstreckung machen und quasi auf die teuren Gegenstände den Inhaber draufschreiben, der ja nicht sie sind. Das Ganze muss natürlich mit ihren wirklich guten Freunden abgesprochen und schriftlich belegt sein. Stufe eins, geht also leer aus für den Obergerichtsvollzieher und er findet bei ihnen auch kein Geld oder andere Wertgegenstände. Nun wird er ihnen die EV (Eidesstattliche Versicherung abnehmen, bis 1999 Offenbarungseid genannt) und da müssen sie die Hosen runter lassen und alle Konten sowie Wertgegenstände angeben. Wer jetzt noch Geld offiziell auf seinem alten Konto hat, ist selber schuld. Transferieren sie vor der Trennung in bar (und nicht via online) das Geld auf eine private Bank, die nur sie wissen oder heben das Geld ab und geben es persönlich bei unseren lieben Nachbarn in österreichischen Banken ab. Die wissen sofort was da los ist und beraten sie vorzüglich. Gerade wenn's um mehr Geld geht, ist das Ausland aufgrund unserer geänderten und verschlechterten Situation bzgl. des Bankgeheimnisses um einiges besser anzusehen als deutsche Banken. Das deutsche Bankgeheimnis wurde leider durchlöchert wie ein Schweizer Käse, auf den viele soziale Behörden zugreifen und Informationen abholen. Gemeinsame Lagerbestände oder Warenverkäufe, die beide Eheleute durchführt haben, müssen bei Trennung auf zwei Lagerräume aufgeteilt werden. Nicht des Gesetztes wegen, sondern vielmehr, um ihre Schäfchen ins Trockene zu bringen. Lager Nummer eins ist für die Teile der billigen Waren und Lager Nummer zwei, also das geheime, für die teuren Teile. Dem Gerichtsvollzieher nennen sie aber nur Lager Nummer eins. Von Nummer zwei sollte er nie erfahren! Wenn er pfändet dann eben nur die billigen Sachen.

Eigene Konten auflösen und Fremdkonto mitnutzen

Eine häufiger genutzte Alternative ist es, dass der Schuldner das Konto eines helfenden Dritten mitnutzt. Dieses Konto kann vom Gläubiger nicht gepfändet werden, da es sich hier nicht um das Konto des Schuldners handelt. Der Schuldner bittet dafür jemand aus dem engsten Familien- oder Freundeskreis um Hilfe. Mit der Bank wird vereinbart, dass der Schuldner für das Konto des helfenden Partners ebenfalls verfügungs-berechtigt ist. Somit ist es wieder ihr Konto, nur läuft es unter dem Namen ihrer Mutter.

Steuertipps für Trennungsväter

Die steuerliche Behandlung von Unterhaltspflichtigen ist in der BRD so grottenschlecht wie nirgends anders in der EU. Nach der Scheidung wandern sie meist in die Steuerklasse eins und müssen den Kindesunterhalt versteuern. Dieses sehr komplexe Thema sollten sie unbedingt mit ihrem Steuerberater abklären. Sicherlich können sie sich in Fragen für Steuer, Unterhaltsberechnung und Zugewinn /Güterrecht einlesen aber sie müssen in diesen Bereichen wirklich Profis (Anwälte und Steuerberater) aufsuchen. Nur ein Buch zu lesen und dann zu glauben, sie können das genauso gut, wäre nicht nur töricht, sondern auch tödlich. Einige Möglichkeiten existieren dennoch, um manchmal etwas Steuern zu sparen. Den Betreuungsunterhalt kann man beim Unterhaltspflichtigen für bedürftige Personen im Rahmen der außergewöhnlichen Belastungen bis zu einem Jahresbetrag von 7680 EUR (EStG § 33a, Stand 2004) steuerlich berücksichtigen. Wahlweise kann das Realsplitting gewählt werden, was sich bei stark unterschiedlichen Einkommen lohnen kann. Danach kann derjenige Ehegatte, der Unterhalt an den anderen Ehegatten zahlt, diesen Unterhalt bis zur Höhe von 13805 Euro pro Jahr als Sonderausgaben abziehen. Dies bedarf jedoch der Zustimmung des anderen Ehegatten. Dem unterhaltspflichtigen Elternteil steht für jedes Kind, an das er Unterhalt zahlt, der halbe Kinderfreibetrag zu. Zahlt der Unterhaltspflichtige den Kindesunterhalt nicht, so kann der andere Elternteil dessen Hälfte des Kinderfreibetrags auf sich übertragen lassen. Zusätzlich zum Kinderfreibetrag wird ein Freibetrag für Betreuung und Erziehung oder Ausbildung in Höhe von 1080 EUR je Elternteil gewährt. Den Freibetrag erhalten alle Kinder von 0 - 27 Jahren (bei Wehr- und Zivildienst ggf. verlängert). Hat ein minderjähriges Kind seinen Wohnsitz nur bei einem Elternteil, kann dieser auf Antrag (beim Finanzamt) jedoch den hälftigen Freibetrag des anderen Elternteils auf sich übertragen lassen. Die Kosten für ihren Kindesumgang können als außergewöhnliche Belastungen geltend gemacht werden. Anwalts-, Beratungs- und Gerichtskosten für Scheidung, Unterhaltsprozess, Rechtsstreit über Sorgerecht oder Umgangsrecht, Kosten des Zugewinn-/Ausgleichsverfahren, Kosten von Prozessen über die Verteilung vom Hausrat oder Kosten einer notariellen Scheidungsfolgevereinbarung sind steuerrechtlich bis auf einen Eigenanteil außergewöhnliche Belastungen.

Der selbst zu tragende Anteil wird in jedem Jahr erneut abgezogen, weshalb es sinnvoll ist, die Scheidungskosten in ein- und demselben Jahr zu zahlen. Außergewöhnliche Belastungen sind auch Fahrten des Umgangsberechtigten zum Krankenhaus, wenn ihr Kind krank ist. Beratungsgespräche, Besuchstermine und Nachweis über die Länge des Krankenhausaufenthalts vom Arzt bestätigen lassen und pro Kilometer 30 Cent angeben.

Sexueller Missbrauchs Vorwurf

Kommt es zum Vorwurf der Sexualstraftat gegenüber ihrem Kind, ist das unbedingt von Anfang an ernst zu nehmen. Denn auch ohne förmliche „Strafanzeige" muss die Staatsanwaltschaft (auch bei Verdacht), von sich aus ein Ermittlungsverfahren einleiten. Oft erfährt der Beschuldigte erst dann, dass er plötzlich festgenommen und in Untersuchungshaft genommen wird. Dass Ermittlungsbeamte der Polizei bereits monatelang umfangreich gegen sie ermittelten erfahren sie später. Beim Vorwurf des sexuellen. Missbrauchs steht oft eine Freiheitsstrafe von mehr als 2 Jahren, (i.d.R. ohne Bewährung) auf dem Spiel. Staatsanwaltschaft und Richter sehen hierfür schnell einen Grund, einen Fluchtanreiz unterzustellen, der es rechtfertigt den

Betroffenen bis zur Verhandlung in Haft zu nehmen. In jedem Fall gilt zunächst: Schweigen ist Gold. Die Polizei ist **nicht** daran interessiert, sie zu entlasten. Was sie sagen wird so lange gedreht, gestürzt und aus der Gestaltung durchtrieben, bis es in das Bild der Anschuldigung passt. Ihre Aussage lässt sich dann praktisch nicht mehr rückgängig machen.

Persönlicher Kontakt

Bitte vergessen sie es, immer alles nur schriftlich zu regeln. Es wird tausendmal besser sein, wenn sie den Richter oder den Staatsanwalt selbst anrufen oder persönlich aufsuchen. Sicherlich ist es einfacher ein E-Mail zu schreiben oder ein Fax an die gewünschte Person zu senden. Aber die gesprochenen Worte bringen es viel mehr auf den Punkt als DIN A 4 Blätter, welche die oben genannte Zielgruppe täglich tonnenweise bekommt. Lassen sie sich einfach von der Vermittlung die Durchwahlnummer geben, machen sich vorab eine Gesprächsnotiz und rufen sie ihn/oder sie selbst an. So können eventuell teure Gutachten storniert oder selbst bei Strafsachen, wie Körperverletzung die Zahlungshöhe minimiert werden. Dieser Tipp ist einer der Wichtigsten in diesem Buch und wenn er noch so banal klingen mag!

Guter Anwalt, schlechter Anwalt

Sie glauben bestimmt, mit ihrer gewonnen Auswahl, einen guten Anwalt oder eine gute Anwältin gefunden zu haben. "Denkste", die wollen alle nur eines und das ist ihre Kohle. Kohle ist Geld ist Luxus und das haben sie ja gerade in dieser schweren Zeit am wenigsten. Anwälte machen Versprechen, sitzen in prächtigen Büros und labern vom großen Gelingen.

Natürlich nur bei der Eingangsbesprechung um den Auftrag an Land zu ziehen. Später werden sie erleben, dass sie meist auf das falsche Pferd gesetzt haben und sind stocksauer oder wissen nicht wie sie wechseln können, ohne weiter viel Geld zu verlieren.

Ich empfehle ihnen, wenn es irgendwie möglich ist, alle Probleme mit ihrer Frau persönlich zu lösen. Besprechen sie bei der Trennung in Ruhe, wie es weitergehen soll. Fixieren sie schriftlich eine Scheidungsfolgevereinbarung (siehe auch die Beilage in diesem Buch). Reden sie über Unterhalt, Zugewinn, Hausrat, Kindesumgang und gehen Kompromisse ein, denn wenn sie mir ihrer Frau nicht mehr reden können, machen es Anwälte und dann geht's zur Sache. Selten, dass nach einer Beauftragung von Anwälten beide Parteien - Mann und Frau - noch miteinander sprechen können. Jetzt kommt es zum Rosenkrieg und der kann Jahre dauern. Zwei bis vier Jahre sind hier gar kein Problem. Alleine bis Gutachten ins Rollen kommen, da können schon mal sechs Monate vergehen, ohne dass etwas passiert. Falls sie ein kinderpsychologisches Gutachten brauchen, warten sie schon mal drei Monate bis es losgeht. In dieser Zeit sehen sie ihre Kinder mit Sicherheit nicht, falls es ihre Ex-Frau so wünscht. Die Kosten belaufen sich dann auf 3000 bis 5000 Euro, die sie zahlen, wenn ihre Dame Prozesskostenhilfe erhält. Fragen sie ihren Anwalt zu Anfang, wie es bei ihnen aussieht. Denn wer Prozess-kostenhilfe (kurz PKH) bekommt, muss nämlich Rechtsanwalt und Gebühren für Gerichte nicht zahlen. Bei mir war es so, dass ich alles selbst zahlen musste, und Aufgrund dieser Tatsache stand ich mit dem Rücken zur Wand. Denn wenn jeden Monat eine horrende Rechnung ins Haus flattert, geht der Mann schnell in die Knie und seine Frau zahlt nichts! Tolle Sache oder? Sie wollen Gerechtigkeit, bekommen diese aber nicht, weil ihnen die finanziellen Mittel ausgehen.

Auszug, wer Prozesskostenhilfe bekommt:

Wer nach seinen persönlichen und wirtschaftlichen Verhältnissen die Kosten einer Prozessführung nicht, nur zum Teil oder nur in Raten aufbringen kann, erhält auf Antrag Prozesskostenhilfe, wenn die beabsichtigte Rechtsverfolgung oder Rechtsverteidigung hinreichende Aussicht auf Erfolg bietet und nicht mutwillig erscheint.

Der Antrag ist schriftlich oder mündlich bei dem Prozessgericht, für die Zwangsvollstreckung bei dem für die Zwangsvollstreckung zuständigen Gericht, zu stellen; eine Erklärung über die persönlichen und wirtschaftlichen Verhältnisse (Familie, Beruf, Einkommen, Vermögen und Lasten) mit beweiskräftigen Unterlagen ist beizufügen. Für die Erklärung ist ein Vordruck zu verwenden, der beim Prozessgericht angefordert werden kann.

Vergessen sie bloß nicht, falls sie an ihre Ex-Frau einen Zugewinn auszahlen, dass sie das Amtsgericht oder das Sozialamt informieren, was ihre Ex von ihnen erhalten hat. Sie muss die erstatteten Prozesskosten (Anwaltsgebühren) zum Teil oder ganz zurückzahlen! Es kann ja nicht sein, dass der Steuerzahler dafür aufkommt oder?

Ich werde immer nach einem guten Anwalt gefragt. Ich sage dann immer, es gibt keine guten Anwälte. Die haben schlichtweg zu viel um die Ohren um sich nur für ihren Fall anzunehmen. Meine Empfehlung ist a) nehmen sie eine Anwältin. Ich habe es nicht geglaubt, aber die kommt wirklich besser rüber bei Gericht und meist sind es Richter, die zu entscheiden haben. Die sind den Frauen einfach freundlicher gesonnen als den Männern. Und b) informieren sie sich bei einem Interessenverband wie z.B.: ISUV in München und

Nürnberg (Adresse im Anhang des Buches) wo es einen wirklich guten Anwalt gibt. Der kostet auch nicht mehr, bringt ihnen aber wirklich was. Ein guter Anwalt beschreibt ihnen mit verständlichen Worten, wie das ganze Procedere Scheidung abgeht und sagt wie er vorgeht. Ein guter Anwalt macht bei Gericht den Mund auf und hilft ihnen. Meist habe ich hier ganz andere Aussagen gehört, wie z. B.: nach Gerichtsende sagte der Anwalt: Er stellt nun die Öffentlichkeit wieder her, was so viel heißt wie, jetzt sind wir fertig. Fertig sind dann am meisten die Männer, die gar nicht kapiert haben, dass ihnen nun das Fell über die Ohren gezogen wurde. Meine Empfehlung: Wenn ihr toller Hecht, den Mund bei Gerichtsverhandlungen nicht aufmacht, stehen sie auf, gehen nach Hause und nehmen sie sich sofort einen neuen und besseren Anwalt. Alles andere ist Zeitverschwendung und kostet sie viel Geld. Ein guter Freund bekam sogar das alleinige Sorgerecht, nur durch den Wechsel des Anwalts, obgleich er seinen Nebenbuhler mit einem Messer tätlich verletzte. Er hatte mindestens ein Jahr den falschen Anwalt und der brachte ihm gar nichts. Jetzt ist er glücklich und zufrieden.

Zitat eines Anwalts:
Familienrecht ist fast noch dreckiger als Strafrecht.
Die Männer rechnen sich arm und verdienen plötzlich nichts mehr. Die Frauen stehen als geldgeile Tussen da.

Aufwachen Herr Anwalt. Sagten sie nicht: „wir gewinnen den Prozess im Schlaf".

Was kosten denn eigentlich Anwälte?

Nun ja, das fragen sie gleich zu Anfang ihren Anwalt und der sollte dann sagen, das hängt vom Streitwert ab und wird nach BRAGO (Bundesgebührenordnung für Rechtsanwälte (BRAGebO) neu Rechtsanwaltsvergütungsgesetz / RVG berechnet. Nun gut, aber das sagt ihnen gar nichts. Weil der Streitwert von vielen Sachen abhängt, z.B.: Gehalt, Schulden, Immobilienbesitz usw. Kurzum, die Gebühren für Anwalt und Gericht werden bei Scheidung so bei 6000 bis 10000 Euro liegen. Brauchen sie dann noch diverse Gutachten, kommen gleich mal 4000 Euro dazu.

Immer mehr Mandanten beklagen sich über die schlechte Arbeit ihrer Anwälte. Desinteresse am übertragenen Fall, Fristenversäumnis, Gebührenschinderei, Falschberatung, Informationsmängel, die Aufzählung lässt sich beliebig fortsetzen. Alleine die bei dem Bundesgerichtshof anhängigen

Fälle in denen Mandanten Ansprüche gegen ihre Anwälte geltend machen, haben sich in den vergangen zehn Jahren mehr als verdoppelt.

Ihr Kostenrisiko (in EURO) Gerundete Zahlen/ Quelle Internet

Streitwert bis:	Gesamtkosten	-risiko	in Euro
Euro	eine Instanz	zwei Instanzen	drei Instanzen
13.000	4.350	9.800	entfällt
25.000	6.120	13.760	entfällt
40.000	7.894	17.757	32.217
50.000	9.074	20.417	37.053
125.000	13.450	30.030	53.890
260.000	20.520	45.550	81.100
380.000	25.880	57.350	101.830
500.000	31.250	69.160	122.560

Scheidung per Internet / Geht das?

Im Grund ja und bei über 213'000 Scheidungen im Jahr, wird es wohl immer mehr Menschen geben, die sich auf diesem Weg scheiden lassen. Dann können Sie Ihre Scheidung zeit- und kostensparend von zu Hause aus in Gang setzen und auf den Besuch beim Anwalt verzichten. Sie sparen bei einer einvernehmlichen Scheidung aber vor allem dadurch, dass nur der Ehegatte (od. Frau) einen Anwalt benötigt, der den Scheidungsantrag stellt. Da es nichts zu streiten gibt, ist auch der sog. Streitwert, nach dem die Anwalts- und Gerichtskosten berechnet werden, denkbar gering.

Um ihre Scheidung in die Wege zu leiten, brauchen Sie nur einen Scheidungsfragebogen auszufüllen und eine Vollmacht zu unterschreiben. Persönlich erscheinen müssen sie und ihr Ehepartner dann nur zum Scheidungstermin, bei dem für sie zuständigen Gericht. Die Kosten beginnen so bei 900 Euro und gehen bis 2000 Euro rauf. Gehen sie auf die einschlägigen Internetseiten und sie werden viele lukrative Angebote finden. Aber das Ganze geht wirklich nur, wenn beide Partner noch miteinander sprechen können und kompromissbereit sind.

Unterlagen

Wenn ich auch hier viel über Anwälte schimpfe, so liegt es doch auch oft an den Männern die zu faul, zu behäbig oder zu dumm sind, die Unterlagen zu beschaffen, die der Anwalt braucht um Berechnungen durchzuführen. Es ist einfach ihr Job die vielen Kopien zu beschaffen. Und glauben sie mir, sie werden viele Kopien machen. Am besten sie besorgen sich schon mal einen Kopierer. Je mehr Informationen sie ihrem Anwalt geben und das auch per Papier belegen können, desto besser wird es für sie bei Streitigkeiten ausgehen. Fertigen sie für sich eine Checkliste an, was sie ihren Anwalt fragen möchten, (siehe Checkliste am Buch-Ende) was sie bereits erledigt haben und was noch fehlt. So geht ihnen nichts mehr durch die Lappen. Denn ihr Anwalt hat nicht nur sie zu vertreten. Sie müssen ihn auch auf Fehler hinweisen. Gerade Unterhaltsberechnungen und Zugewinnberechnungen stimmen fast nie. Gehen sie in Ruhe die Sache durch und rechnen alles nach. Es wird sich auszahlen. Ich bin kein Fan von Tabellen oder Excelfiles nach denen sie selbst Berechnungen durchführen können, dafür ist die Thematik zu komplex. Besser ist es, einfach die Unterlagen vom Anwalt kritisch zu prüfen. Viele Männer werden geneigt sein, die kopierten Unterlagen zu türken (manipulieren), was ja heute bei guter Software kein Problem ist. Ich rate ihnen dringend davon ab. Obgleich es bei mir ein leichtes gewesen wäre hier die Zahlen nach oben oder unten zu korrigieren. Sie machen sich strafbar wegen Urkundenfälschung und das bleibt an ihrem Ego haften und kommt so schnell nicht wieder weg.

Generell werden nur Kopien ausgegeben und nie die Originale. Machen sie verschiedene Ordner, die sie zum Beispiel mit Trennstreifen abtrennen. Die Gruppierungen könnten wie folgt lauten: Unterhalt, Zugewinn, Hausrat, wichtige Unterlagen, Umgangsrecht, Rechnungen usw. Somit finden sie sehr schnell die notwendigen Blätter oder Schreiben.

Anwaltswechsel

Auch ein Anwaltsvertrag kann jederzeit ohne Angabe von Gründen gekündigt werden.
Nur die bereits entstandenen Kosten kommen in Rechnung und müssen unter Umständen bei einem neuen Anwalt erneut bezahlt werden. Eine Rechtsschutzversicherung wird dabei nicht mitspielen.

Sie sollten sich erst informieren, was bei ihrem bisherigen Anwalt bereits an Kosten angefallen ist, bevor sie diese doppelt bezahlen. Falls sie wechseln, nehmen sie ihre ganzen Unterlagen mit, geben dem neuen Anwalt die Unterlagen und erteilen ihm somit den Auftrag/Mandat. Sie können auch den Verbund auflösen und verschiedene Anwälte beauftragen. Das wollen zwar die Anwälte nicht, aber es geht trotzdem. Verbund heißt, der beauftragte Anwalt regelt eben alle Formalitäten bei der Scheidung, wie: die Unterhaltsberechnung, das Güterrecht, Umgangsregelung usw. Jedoch kann das Sorgerecht von einem anderen Anwalt bchandelt werden. Die Verbundauflösung macht dann Sinn, wenn ihrer Meinung nach nichts weitergeht und sie z.B. nicht zu ihrem Recht kommen, ihre Kinder zu sehen.

Um das können sie streiten

die Unterhaltszahlungen, das Sorge- und Umgangsrecht für gemeinsame Kinder
die gegenseitigen Unterhaltsansprüche der Ehepartner
die künftige Benutzung der ehelichen Wohnung
die Verteilung des Hausrates
der Zugewinnausgleich und die Vermögensverteilung
die Verteilung künftiger Rentenansprüche im Versorgungsausgleich
die Tilgung gemeinsamer Schulden

Was ist eine Scheidungsfolgenvereinbarung?

Eine Scheidungsfolgenvereinbarung ist ein Ehevertrag, der bei der Trennung oder im Rahmen des Scheidungsverfahrens aufgesetzt wird. Quasi der Ehevertrag nach der Ehe! Hier werden die konkreten Scheidungsfolgen geregelt. Die mit Abstand günstigste Möglichkeit ihre Ehe zu beenden. Aber wie immer wieder beschrieben funktioniert das Ganze nur, wenn beide Partner einwilligen und miteinander kommunizieren können. Sie können sich also über sehr wichtige Punkte einigen (ihre Kinder, ihr Geld), dann sollten sie die Vereinbarung unbedingt von einem Anwalt aufsetzen lassen. Der Anwalt berät sie ausführlich über ihre Rechte und Pflichten und erstellt dann eine Vereinbarung, die für ihren persönlichen Fall maßgeschneidert ist. Wenn sie einmal eine Scheidungsfolgenvereinbarung abgeschlossen haben, ist diese grundsätzlich bindend und es ist sehr schwierig oder gar unmöglich, im Nachhinein seine Meinung zu ändern. Sie setzen hier die entscheidenden Weichen für Ihre Zukunft. Machen sie keine Fehler und reagieren sie keinesfalls voreilig. Wenn der Anwalt ihres Ehepartners eine Scheidungsfolgenvereinbarung aufsetzt, dann lassen sie sich jeden Punkt erklären. Keiner sollte sie drängen. Nehmen sie sich genügend Zeit und schlafen mindestens eine Nacht darüber. Lassen sie sich noch vor dem Termin beim Anwalt einen Entwurf der Scheidungs-folgenvereinbarung zuschicken, damit sie diesen in Ruhe durchlesen können. Jeder Anwalt vertritt die Interessen seines Mandanten. Der Anwalt ihres Ehepartners vertritt also nicht ihre Interessen. Sie sollten sich daher sehr gut überlegen, ob sie sich nicht selbst von einem Anwalt beraten lassen oder zumindest die Scheidungsfolgenvereinbarung von einem eigenen Anwalt überprüfen lassen. Vergessen sie nicht, wie wichtig diese Vereinbarung für Ihre Zukunft ist.

Wichtig: sie müssen die Scheidungsfolgenvereinbarung entweder bei einem Notar beurkunden lassen oder sie nehmen sie beim Scheidungstermin vom Richter in das Protokoll mit auf. In letzterem Fall reicht ein Anwalt leider nicht aus, sondern jeder der Ehepartner muss von einem Anwalt vertreten werden. Eine Scheidungsfolgenvereinbarung sehen sie am Ende des Buches.

Fazit

Die richtige anwaltliche Vertretung macht eben den Unter-schied. Die Kosten für eine erste Konsultation kann man vorher mit ihm vereinbaren. Lassen sie sich davon nicht abschrecken. Ein paar hundert Euro sind da gut investiert, wenn sie später feststellen, dass sie:

- die Kinder doch sehen dürfen
- weniger Unterhalt monatlich zahlen
- der Zugewinn für sie erträglich hoch ist
- die Ex sich einen Job suchen muss
- usw.

Jugendämter

Das haben wir gleich!

So dachte ich, als ich zu meinem Freund Herbert P. aus xy-Stadt ging und ihm sagte, dass ich meine liebe Tochter seit mehr als einem Jahr nicht mehr gesehen habe. Herbert P. aus xy-Stadt ist im Übrigen der Leiter des Jugendamtes und Feuerwehrvorstand einer Stadt, in der ca. 20'000 Menschen leben. Es war für mich sonnenklar, dass es sein Job ist, sich für meine Belange einzusetzen und mir quasi meine Tochter wieder zu bringen. Ich kannte Herbert P. bereits seit mehr als 20 Jahren, weil ich selbst bei der Feuerwehr war und schätzte ihn zu dieser Zeit auch noch sehr. Das kann ich heute leider in keinem Fall mehr bestätigen. Ich halte das gesamte Jugendamt mittlerweile für so überflüssig wie "Knödelwasser". Knödelwasser ist nicht sonderlich sinnvoll und wird später evtl. dem Blumentopf zugegeben. Kommen wir aber nun zum Faktischen. Das erste Gespräch im Jugendamt nach einem telefonischen Termin lief folgendermaßen ab: Nach ca. 2 Minuten rief der Chef vom Jugendamt seine nach Alphabet zuständige Mitarbeiterin an, sie solle doch bitte der Besprechung beisitzen. Frau L. kam sodann, begrüßte mich freundlich und setzte sich neben mich. Beide lauschten meinen Erzählungen und kamen zum Entschluss, meine Ex-Frau zu sich ins Büro zu holen. Frau L. ist im übrigen "Sozped". Sozped sind Sozialpädagogen, die eigentlich den ganzen Tag, Büroschlaf halten und nicht sonderlich erbaut sind, sich um die Belange der Männer zu kümmern. Meine innere Intension sagte mir schon vorab, dass sie generell gegen Männer war. Ein ganzes Jahr ist vergangen, wo sage und schreibe nur folgende Aktionen seitens des Jugendamtes gemacht wurden:

Drei Briefe an die Ex-Frau, zwei Besprechungen im Jugendamt und ein kläglich gescheiterter Versuch, meine Tochter vom Kindergarten abzuholen und sie mir zu bringen. Es ist jedem Mann klar, dass die Damen vom Jugendamt die Kinder nicht mit Gewalt zum Vater befördern, aber gar nichts zu tun, ist das Allerschlechteste. Es ist und bleibt der Job des Jugendamtes, zwischen den Parteien zu verhandeln. Sicherlich kann die Elternbeziehung mittels Mediatoren ausgehandelt und auch verbessert werden, jedoch ist eine Behörde in der Lage, einen Druck auszuüben. Dieser Druck geht aber immer einseitig zu Lasten der Männer. Aktionen könnten aber wie folgt aussehen: Mitteilungen an das zuständige Familiengericht, Einholung eines kinderpsychologischen Gutachtens, Berufung einer Umgangspflegschaft oder eines Verfahrenspflegers, Hausbesuche bei Mutti usw. Vergessen sie bitte nicht, dass die Damen vom Amt bei Gericht immer als „Fachkräfte" zur Seite stehen. Daher haben sie zwei Möglichkeiten. Entweder sie zeigen gegenüber dem Jugendamt ein sehr freundliches Gesicht und sagen zu Allem Ja und Amen oder geben dem Mitarbeiter Zunder und sind dann nicht mehr so gerne gesehen. Meine Empfehlung ist, seien sie zu Anfangs immer freundlich. Später können sie immer noch verärgert auf den Putz hauen. Sollte ein Mitarbeiter vom Jugendamt zu ihnen nach Hause kommen, räumen sie bitte auf, geben ihm Kaffee und Kuchen und zeigen sich von der besten Seite.

Schriftverkehr

Wenn sie schon mal schriftlich mit dem Amt verkehren ist ihr "Draht" meist eh schon verloren. Denn das wollen die Beamten ja gar nicht, dass etwas auf Papier dokumentiert wird. Zumal sie dann ja nach Jahren belegen können, was von der Behörde geleistet wurde. Das dürfte nicht allzuviel sein. Wenn sie gar kein Vertrauen mehr haben zu ihrer Sachbearbeiterin, dann hätten sie die Chance, "eine Person ihres Vertrauens" an ihrer Seite sitzen zu lassen. Eine weitere Möglichkeit wäre, sie gehen zum Jugendamtsleiter und sprechen der ihnen zugewiesenen Mitarbeiterin das Misstrauen aus und beantragen einen anderen Sachbearbeiter/in. Aber glauben sie allen Ernstes, dass sich mit einem Wechsel auch nur ein bisschen ändert? Ganz im Gegenteil, eine Krähe hackt der anderen kein Auge aus und somit bleibt alles beim Alten. Bestimmt gibt es in Deutschland gewissenhafte und sehr fleissige Beamte, sogar in Jugendämtern, nur ich habe noch keinen getroffen. Generell sollte ein Schreiben an das Jugendamt oder auch an das Familiengericht nicht allzu lang sein. Mehr als zwei Seiten werden die nicht lesen. Kürzen sie ihre Texte bis auf das Minimum. Dennoch dürfen sie das Wesentliche nicht vergessen. Gerade bei Scheidungsanfang wird viel gehetzt und werden die Parteien gegeneinander aufgestachelt.

Da heißt es auch Ruhe bewahren, denn wer den längeren Atem hat und mehr Zeit dem ganzen schmutzigen Spiel entgegensetzt, wird meist gewinnen. Im Zeitalter des Computers kommen sie blitzschnell an Informationen, die sie für sich nutzen können und den gesamten Schriftverkehr auch über Jahre hinweg protokollieren. Einen Quellennachweis auf jedes geschriebene Dokument von ihnen gehört da ebenfalls dazu, um es immer wieder nachzudrucken oder auch zu ändern. Ich freue mich heute schon auf den Tag, an dem ich meiner Tochter alle Scheidungsunterlagen zukommen lasse, falls sie mir einmal sagt, ich hätte mich nie um sie gekümmert. Charakterlose Frauen über die ich in diesem Buch so herziehe, wissen sich immer sehr gut gegenüber Behörden und Gerichten zu vermarkten oder zu verkaufen. Nur Schriftliches kann sie entlasten. Selbst mündliche Aussagen, schriftlich auf einen Notizzettel verzeichnet, haben bei Gerichtstermin eine erhebliche Beweislast. Ich schaute nicht schlecht, als bei einem Umgangsverfahren in der Gerichtsverhandlung meine Ex-Frau mich beschuldigte, ich hätte sie in einer Bar als Schlampe hingestellt und dass sie für alle Männer gleich die Beine breit macht. Das stimmte so überhaupt nicht und ich habe so etwas nie gesagt. Aber zwei Dinge waren eben faktisch. a) Ich habe über meine Ex-Frau geschimpft, sie aber nie als Schlampe bezeichnet und b) war mein zweitbester Freund in meine Ex verliebt und der erhoffte sich durch diesen kleinen Plausch bessere Chancen bei ihr. Das Ganze erfuhr ich aber erst viel später. Aber der kleine Zettel hatte durchaus seine Wirkung. Viele kleine Argumente sind im Gerichtskampf besser, als sich an einem großen Brocken aufzuhängen. Der Richter muss entscheiden und das ist für ihn mit mehreren Argumenten leichter als mit nur einem.

Hinweise im Umgang mit Behörden

Beantragen sie Akteneinsicht bei ihrem zuständigen Mitarbeiter des Amtes. Falls diese ihnen nur beschränkt gewährt wird (Datenschutz) beantragen sie bei der zuständigen Datenschutzstelle Einsicht in die ihnen nicht vorgelegten Seiten. Bei einem Nachweis von berechtigtem Interesse wenden sie sich bitte an:

Berliner Beauftragter für Datenschutz und Informationsfreiheit

An der Urania 4-10
10787 Berlin

Telefon: +49 30 13 88 9 - 0
Telefax: +49 30 21 55 05 0

email: mailbox@datenschutz-berlin.de

Der zuständige Mitarbeiter prüft dann auf schriftlichen Antrag, ob die Verweigerung von Akteneinsicht beim Jugendamt gerechtfertigt ist. Es erfolgt also eine Bewertung der Gründe, die vom Jugendamt vorgetragen werden. Falls der Datenschutzbeauftragte zu dem Ergebnis kommt, dass diese vorgetragenen Gründe nicht relevant sind, ist Akteneinsicht zu gewähren.

Eine Klage beim Verwaltungsgericht ist dann erforderlich, um ihr berechtigtes Interesse der Akteneinsicht durchzusetzen, sollten sie nicht zu ihrem Recht kommen.

Verwaltungsgericht Berlin
Kirchstr. 7
10557 Berlin

Halten Sie grundsätzlich an Terminen bei Ämtern fest. Denken Sie bitte daran, jedes mündliche Gespräch ist nicht belegfähig, d.h. Sie kommen in Beweisschwierigkeiten bei späteren Nachfragen Dritter oder der Gerichte, wenn sie schriftlich nichts vorlegen können. Nehmen Sie jeden Termin wahr und lassen Sie sich bei Bedarf von einem kompetenten Trennungsbegleiter (als Zeugen für das Gespräch) unterstützen. Gerade dann, wenn sie sich nicht sicher sind und nervös im Amt erscheinen. In den Verbänden werden Sie dabei oft unterstützt. Führen Sie beim Gespräch ein Protokoll, falls keine andere Aufzeichnungsmöglichkeiten zugelassen werden (Video oder Tonbandgerät).Viele Betroffene sind der Meinung, das Jugendamt bzw. die Sozialpädagogischen Dienste seien Dienstleistungseinrichtungen. Dieser Meinung ist kritisch gegenüber zu stehen, denn der Dienstleister ist meist maßlos und zeitlich überfordert und kann sich nicht nur um ihre Belange kümmern. Die Jugendämter bzw. Sozialpädagogische Dienste haben sich sowohl nach gesetzlichen Grundlagen

(Sozialgesetzbuch), als auch nach dem KJHG, sowie nach der EMRK, zu richten. Weiterhin bestehen interne Vorgehensweisen, die in der Trennungs- und Scheidungsberatung bei der Mitwirkung in familiengerichtlichen Verfahren angewendet werden. Deshalb empfehle ich, sich über die jeweiligen gesetzlichen Grundlagen zu informieren. Aus diesem Grunde ist es auch wichtig, die politisch Verantwortlichen darüber zu informieren, falls gesetzliche Vorgaben fehlerhaft angewendet wurden. Im nachfolgenden Adressenverzeichnis (siehe Buch-Ende) finden sie die Anschriften von Behörden und sozialen Diensten die sie in Anspruch nehmen können.

Dienstaufsichtsbeschwerde

Die Dienstaufsichtsbeschwerde ist formlos an die jeweilige Regierung zu stellen, z.b. Regierung von Oberbayern. Da können sie entweder das Jugendamt kritisieren oder gleich auf den Beamten/Mitarbeiter des Jugendamtes einhaken. Ich empfehle die Namen offen bei ihrer Beschwerde aufzunehmen und immer gleich das ganze Landratsamt davon zu informieren. Sie können auch synchron an den Landrat schreiben und der Regierung. Ihre Beschwerde an die Regierung ist gegen das örtliche Jugendamt gerichtet und prangert Verfahrensfehler an und die Beschwerden gegen Mitarbeiter richten sie an den Landrat. Quasi doppelt hält besser. Und wie wird wohl die nächste Beurteilung von Frau xy-Sozped aussehen, wenn es ständig Beschwerden gegen sie hagelt? Sollten sie elektronisch fit sein, besorgen sie sich die Mail-Adressen des Landratsamtes im Internet, z.B. über Spidermail und informieren alle weiteren Mitarbeiter der Behörde mit ihrer Beschwerde als Absender BCC. BCC heißt: Blind Carbon Copy und die ganzen Anschriften werden versteckt. Sie schreiben also den Landrat an, alle anderen Mail-Adressaten kommen auf BCC und werden somit über ihr

Schreiben an den Chef des Landratsamtes ebenfalls informiert. Es gibt keine Rechtsform, die Information und Meinungsfreiheit verbietet. Wichtig ist nur, dass sie die Wahrheit schreiben. Und falls sie sich nicht ganz sicher sind, sagen sie, dass es ihre Meinung ist. Schreiben sie nie, Herr XY macht von 13.00 bis 15.00 Uhr Mittag, (also viel zu lange) wenn sie es nicht 100%-ig belegen können. Sie müssen die Sache in diesem Falle umschreiben.

Generell würde ich Dienstaufsichtsbeschwerden oder andere mir wichtige Schreiben in einem Medienverteiler per Email absenden und möglichst viele Medien (Zeitungen, Radio- und Fernsehsender) informieren, dass die sich eventuell der Sache annehmen. So sind schon viele üble Dinge ans rechte Licht gekommen. Behörden hassen nichts mehr als die Medien.
Die Macht der Medien ist enorm. Stellen sie sich nur einmal vor, wenn der Stern oder der Spiegel von ihrem Fall schreibt und das Ganze bis zu 5 Millionen mal gelesen wird, da bekommen Jugendamtsleiter sehr kritische Fragen gestellt.

Bedenken sie aber auch die Folgen, wenn sie oder ihre Kinder dadurch in die Öffentlichkeit geraten. Fernsehsender stellen sehr kritische Fragen.

Können wir das Kind dem eigenen Vater geben?

Petition an den Bundestag

Mit folgender Anschrift können sie formlos an den Bundestag
herantreten:

An das Abgeordnetenhaus
in Berlin / Petitionsausschuss
Niederkirchnerstr. 5
10111 Berlin

Auszug der Definition des Petitionsausschusses:

Der Petitionsausschuss des Deutschen Bundestages ist
gewissermaßen eine "Bittstellungs-Kommission", der sich der
Nöte der kleinen Bürger annehmen soll; sie hat keinerlei
juristische Bedeutung, d.h. die berechtigte Beschwerde eines

kleinen Bürgers an diese Kommission ist für die Staatsgewalt nicht bindend - hierfür muss der gerichtliche Weg gegangen werden.

Ob dabei irgendwie das französisch "Petit" (=klein, vielleicht: Petition ="kleine Bitte") eine Rolle spielt, weiß ich nicht.

Für eine repräsentative Demokratie, wie die in der Bundesrepublik, ist ein Petitionsausschuss lediglich ein Aushängeschild für die Imagepflege. Auch in einer Monarchie konnte sich der kleine Untertan und das Volk mit Bitten und Eingaben an seinen Herrscher wenden und sie wurden oftmals erhört - man sollte also solchen Institutionen hinsichtlich ihrer Einzigartigkeit nicht allzu viel Bedeutung beimessen.

Gehalts- und/oder Lohnpfändung

Bei dieser neuen Art und Weise des Raubrittertums stellt der gegnerische Anwalt einfach eine Lohn- und Gehaltspfändung aus und gibt diese an ihren Arbeitgeber. Der wiederum prüft nicht, ob der Antrag rechtens ist und überweist einen bestimmten Betrag an ihre Ex-Frau oder den Anwalt, der es an ihre Ex auszahlt. Sollten sie nicht spätestens jeden 5. im Monat an ihre Ex-Geliebte (Frau) zahlen, hat das Jugendamt keinerlei Probleme das Formblatt F (evtl. heißt es auch anders) auszufüllen und ebenfalls eine Gehaltspfändung durchführen. Meine dringende Empfehlung ist, zahlen sie rechtzeitig den Unterhalt für Frau und Kind, also bis zum 5. jeden Monats im Voraus. Sie können sicherlich durch Verschleppung der Zahlungen an ihre Ex-Frau diese richtig wütend machen, weil sie auch jeden Monat Miete und andere Sachen zu zahlen hat, aber auf Dauer klappt das nicht, wenn sie einmal am 10. des Monats zahlen und den nächsten Monat am 25. Aber zumindest ein paar Monate können sie die Ex so ärgern. Schattenseite bei einer Gehaltspfändung ist, dass sie evtl. in der Schufa eingetragen sind und somit bei neuen Kreditverträgen sehr große Schwierigkeiten bekommen. Gleiches gilt auch für einen neuen Handy-Vertrag, der immer mit einer Schufa-Auskunft verbunden ist. Die Bezeichnung "Schufa" steht für "Schutzgemeinschaft für allgemeine Kreditsicherung". Es handelt sich hierbei um eine Gemeinschaftseinrichtung der deutschen Kreditinstitute und kreditgebender Wirtschafts-institute. Die Schufa stellt diesen Partnern Informationen zur Verfügung, um sie vor Verlusten in Kreditgeschäften bewahren zu können. Bei vielen Geldgeschäften oder beispielsweise der Eröffnung eines Kontos wird eine Anfrage an die Schufa gesendet. Die Schufa antwortet hierauf mit Informationen, nicht nur über dessen Liquidität, sondern auch über juristische Daten wie Haftbefehle oder Ähnlichem.

Also besser sie stehen hier nicht in diesem Verteiler. Sollte es dennoch so sein, ist es sehr schwierig, fast unmöglich einen pfändbaren Titel zurück zu bekommen. Wenn sie ihre Frau ärgern wollen und die Unterhaltszahlungen nicht in der geforderten Höhe oder auch gar nicht zahlen möchten, reden sie mit ihrem Rechtsanwalt und streben einen neuen Rechtsstreit an, der die Unterhaltszahlungen nach unten trimmt. Aber klären sie vorher ab, wie hoch die Kosten dafür sind, die sich ja wiederum von der Streithöhe festsetzen. Die Streithöhe wird durch das Einkommen beider Partner berechnet. In meinem Fall waren es so um die 3000 Euro. Informieren sie sich auch genau, wenn das Sozialamt ARGE (Arbeitsgemeinschaft) o.ä für ihre Frau einspringt und bei einem strittigen Verfahren vorab die Unterhaltszahlungen an ihre Ex-Frau leistet. Schnell kommt es zu Doppelzahlungen und keiner kennt sich mehr aus. Eine Behörde schiebt es auf die andere. Gerichte überprüfen Pfändungstitel genau so wenig wie ihre Lohn- und Gehaltsabteilung. Nehmen sie bitte die Sache sehr ernst und vertrödeln sie keinesfalls die fälligen Zahlungen, es sei denn, sie möchten ohnehin auswandern und es wäre ihnen egal was danach kommt. Während der Zeit als Arbeitsloser müssen sie dem Jugendamt eine Unterhalts-leistungsunfähigkeit zusenden (belegt durch den Bescheid des Arbeitsamts) und eine Herabsetzung des Unterhalts auf 0 EUR beantragen.

Ein nicht erwerbstätiger Unterhaltspflichtiger hat den Selbstbehalt, wie er sich aus der so genannten Düsseldorfer Tabelle ergibt. Ein "Automatismus" folgt daraus aber nicht. Das heißt, gegenüber dem Unterhaltsberechtigten oder dessen gesetzlichen Vertreter ist die Unterhaltsleistungsunfähigkeit anzuzeigen - und auch durch geeignete Nachweise zu belegen.

Wer nachweislich unterhaltsleistungsunfähig ist, dem entstehen in der Regel auch keine Unterhaltsschulden. Es stellt sich dabei schon die Frage, ob sie viele Jahre unter der Brücke und von der Hand im Mund leben wollen oder lieber ein paar Jahre die Zähne zusammenbeißen, sehr viel arbeiten und hoffen, dass ihre Ex-Frau wieder einen neuen Lover findet und den möglichst schnell heiratet. Erst dann sind sie wieder frei, zumindest von der Frau. Wie lange sie für ihre Kinder zahlen müssen, dass wissen sie ja bestimmt selbst.

Das Jugendamt bietet seine Hilfe aber auch zur Geltendmachung von Unterhaltsansprüchen des Kindes an. Alle in diesem Zusammenhang anfallenden Tätigkeiten des Jugendamtes sind kostenlos.

Beistand

Es genügt ein schriftlicher Antrag beim Jugendamt. Mit Eingang des Antrags wird das Jugendamt sofort Beistand des Kindes. Hierfür bedarf es keiner Zustimmung, Genehmigung oder Bestätigung. Zuständig ist das Jugendamt am Wohnort des antragstellenden Elternteils. Das Jugendamt überträgt die Ausübung der Aufgaben des Beistands einem/einer eigens dafür vorgesehenen Mitarbeiter/Mitarbeiterin.

Der Beistand hat zwei Aufgaben: die Feststellung der Vaterschaft und die Geltendmachung von Unterhaltsansprüchen. In vielen Fällen ist die Feststellung der Vaterschaft kein Problem, wenn die Eltern des Kindes nicht miteinander verheiratet sind. Die Vaterschaft besteht in diesen Fällen allerdings erst, wenn sie anerkannt oder gerichtlich festgestellt ist. Der Vater kann seine Vaterschaft bereits vor der Geburt des Kindes anerkennen. Die Anerkennung muss öffentlich beurkundet werden. Mit der Anerkennung und der notwendigen Zustimmung der Mutter zur Anerkennung ist die Vaterschaftsfeststellung abgeschlossen. Ist die Mutter bei der Geburt des Kindes verheiratet, so ist eine Vaterschaftsfeststellung nur dann notwendig, wenn der Ehemann der Mutter nicht der leibliche Vater des Kindes ist. In einigen Fällen ist die Vaterschaftsfeststellung aber problematisch. Für das Kind ist sie von existenzieller Bedeutung. Erst mit der Feststellung der Vaterschaft wird das Kind rückwirkend ab der Geburt mit seinem Vater verwandt. Aus dem Verwandtschaftsverhältnis leiten sich der Unterhaltsanspruch, das Erbrecht und rentenrechtliche Ansprüche des Kindes ab. Die Vaterschaftsfeststellung dient nicht nur der finanziellen Absicherung des Kindes. Die Kenntnis der eigenen Herkunft nimmt im Bewusstsein des Einzelnen eine Schlüsselstellung für Individualitätsfindung und Selbstverständnis ein. Das Kind hat deshalb ein Recht auf Kenntnis der eigenen Abstammung, was das Bundesverfassungsgericht betont hat. Für das spätere Leben kann es auch von großer Bedeutung sein, zum Beispiel von Veranlagungen zu Erbkrankheiten zu wissen, die bei seinen väterlichen Verwandten aufgetreten sind.

Familiengerichte

Was ist los mit den Halbgötter in Schwarz? Müde geworden bei über 2130'000 Scheidungen im Jahr? Verbittert von den ewigen Beschuldigungen von Mann und Frau, die sich doch eigentlich das Jawort zur ewigen Ehe gaben und sich für immer die ewige Treue zusprachen. Vor Gericht werden Aussagen gemacht, die an übelste Machtkämpfe erinnern und die man nur dem aller ärgsten Feind antut. Und was ist mit den Kindern, die dabei immer auf der Strecke bleiben? Kein Wunder, dass die Richter und Richterinnen von Familiengerichten bei Scheidungen die Nase richtig voll haben.

Hier wäre auch das Buch von Rolf Bossi zu erwähnen, (Halbgötter in Schwarz, Deutschlands Justiz am Pranger) der seine Zunft der Rechtsanwälte und Gerichte ganz schön ins Dickicht reinlegt und über seinesgleichen eine nicht sehr schöne Meinung kundtut.

Burn-outs bei Familienrichtern werden in Zukunft andere Dimensionen annehmen. Viele Richter beklagen, dass bereits jetzt zunehmend Kollegen krank werden und längere Zeit ausfallen, mit der Folge, dass von den vorhandenen Richtern zusätzliche Arbeit geleistet werden muss. Daneben werden die Familiensachen aufgrund der zunehmenden schwierigen gesellschaftlichen Entwicklungen (besonders Arbeitslosigkeit) sowohl von der Quantität als auch in der Qualität problematischer. Was bedeuten diese Überlegungen nun spezifisch für das Auftreten des Erschöpfungssyndroms im Berufsstand der Familienrichter? In diesem Beruf ist es das tägliche Brot, intimste, existenziellste Beziehungen wie die zwischen Frau und Mann, Eltern und Kindern in Flammen aufgehen zu sehen und mit dem formalen Instrument des Rechts Feuerwehr spielen zu müssen.

Ich beschreibe mal, wie es bei mir war:

Endlich kam der Tag x, wo ich eine Umgangsklage gegen meine Ex-Frau ankurbelte. Morgens um 9.00 Uhr, frisch gekämmt und gewaschen, am Vortag nicht fortgegangen und extra dafür einen neuen Herrenanzug bei C & A für 250 Euro eingekauft. Ich wollte ja bei Gericht einen guten Eindruck machen. Ich war auch richtig erfreut, als der junge Richter ein Mann war und ich ihn auch noch von der Schule her kannte. Er mich sicherlich auch. Das spielte aber gar keine Rolle. Meiner Meinung nach, musste er ja auf meiner Seite sein, weil ich meine liebe Tochter seit nunmehr über einem Jahr nicht mehr gesehen hatte. Nicht zu entgehen, aber auch mit ihrer

Anwesenheit nicht weiter erwähnenswert, die nette Dame vom Jugendamt. Beweisaufnahme zu Anfang und dann die Zitate der Rechtsanwälte. Meiner sagte nicht viel, eigentlich gar nichts. Bis zum Schluss, als dann kam: „So jetzt hammas". Das ist bayrisch und bedeutet: Wir sind fertig. Ja, ich war fertig mit den Nerven, weil meine Schlafmü... als Anwalt nichts sagte und das nicht sonderlich vorteilhaft für mich war. Die ganze Verhandlung erinnerte mich sehr an das jeden Freitag stattfindende Kaffee- und Kuchenkränzchen meiner Mutter mit ihren ca. 65-jährigen Freundinnen. Viel BlaBla aber nichts kam dabei raus. Es war ein überaus harmonischer Ton zwischen den Anwälten und dem Richter. Er fragte nicht einmal meine Ex-Gattin, warum sie eigentlich so einen Mist macht und dem Vater sein Kind nicht gibt. Meine Ex-Frau vergrub sich im Sessel des Gerichts und sagte nur das Allernotwendigste, im Gegensatz zu mir. Das missfiel auch dem Richter, dass ich sein Kaffe- und Kuchengespräch so untergrub und meiner Meinung freien Lauf ließ. Hier der dringende Rat an sie: Falls ihr Rechtsanwalt den Mund bei Gericht nicht aufmacht, schmeißen sie ihn raus und suchen sich sofort einen anderen.

Wir gingen aus der Verhandlung heraus und quasi nichts war passiert. Die nächste Verhandlung war ebenso aufregend wie die Erste und da wollte der Richter dann noch ein Gutachten einholen von einem Psychiater, der den Kindesumgang auf sechs Monate aussetzte und das Jugendamt war natürlich auch dessen Meinung. Na toll dachte ich, das ist also die Gleichberechtigung zwischen Mann und Frau und vor allem der Spruch inkl. der Durchführung: „Zum Wohle des Kindes" gehandelt zu haben. Nun stehe ich vor der zweiten Instanz und überlege, ob ich denn die nächsten 6000 Euro für das Oberlandesgericht (OLG) zahlen soll. Wenn diese Richter ebenso agil sind, wie die vom Familiengericht des Ortes, dann macht das keinen Sinn. Man(n) bemerkt hier schnell, wenn sie genügend Geld haben, können sie klagen bis zum Nimmerleinstag und haben gute Chancen auf ihr Recht. Ohne Geld sind ihnen die Hände gebunden und sie müssen leider aufgeben. Ohne Moos nix los!, harte Realität, Kastration auf Zeit für den Papa, der eigentlich nur sein kleines Recht will.

Pfändungstitel

Wie bereits im Kapitel Jugendämter beschrieben, hüten sie sich vor diesem unangenehmen Pfändungspapier. Das kommt so schnell, das glauben sie gar nicht und hat fatale Folgen. Sie bekommen einen Pfändungstitel, wenn sie als Schuldner ihrer Zahlungspflicht nicht nachkommen. Und wenn sie in der Schufa drin stehen ist das sehr schlecht, denn sie bekommen keine Kredite mehr und Lohnpfändung ist für den gegnerischen Anwalt auch kein Problem mehr die einzuklagen. Sie werden gepfändet bis zur Sozialhilfegrenze und nicht mehr bis zu ihrem Existenzminimum von derzeit 980 Euro Selbsterhalt bei Berufstätigen. Wichtig dabei ist, dass der Ehegattenunterhalt nicht rückwirkend nachgefordert wird. Der Kindesunterhalt aber sehrwohl. Überweisen sie den Unterhalt für ihre Ex-Frau nur mit dem Untertitel auf dem Überweisungsbeleg: Zahlung unter Vorbehalt. Nur so haben sie später eine Chance, zuviel bezahltes Geld zurückzufordern. Wenn sie mit ihrer Geliebten Mexikanerin ein paar Jahre auswandern und andere Länder besuchen, dann zahlen sie wenigstens für die Kinder. Wenn es auch nur das Notwendigste ist, aber zahlen sie. Im Ausland schicken sie einfach dem zuständigen Jugendamt einen Brief, dass sie ja gerne zahlen möchten, das aber aufgrund der derzeitigen Situation nicht möglich ist und sagen, dass sie alles unternehmen werden, um für Frau und Kind zu zahlen. Wenn sie dann nach Jahren wieder ins gelobte Land der BRD zurückkommen, meist wenn die Gesundheit nachlässt, kommen sie in der Regel glimpflich davon. Kommen sie aber bitte nicht mehr zurück, wenn sie auch für die Kinder nicht bezahlten, denn da gibt es richtig Ärger, bis hin zum Freiheitsentzug.

Informationen über familienpsychologische Gutachten

Im familienrechtlichen Verfahren kann das Familiengericht einen Diplom-Psychologen als Sachverständigen beauftragen. Das Gutachten soll zu Fragen der Regelung der elterlichen Sorge oder des Umgangsrechts Stellung nehmen. Kostenpunkt 4000 – 5000 Euro, die sie alleine zahlen, wenn ihre Ex Prozesskostenhilfe bekommt. Ansonsten wird halbiert.

Auftrag:

Familienpsychologische Gutachten werden durch das Familiengericht angeordnet. Das Gericht beauftragt einen Diplom-Psychologen mit einer fachlichen Beurteilung. Diese psychologischen Gutachten beschäftigen sich je nach Aufgabenstellung des Gerichts mit folgenden Fragen

Sorgerecht:

Regelung der elterlichen Sorge für Kinder bei Trennung oder Scheidung der Eltern. Möglichkeiten einer gemeinsamen elterlichen Sorge. Aufteilung des Aufenthaltsbestimmungs-rechts.

Umgangsrecht:

Gestaltung des Umgangsrechts für den Elternteil, bei dem das Kind nicht überwiegend lebt. Umgangsrecht für weitere Bezugspersonen des Kindes (beispielsweise die Großeltern).

Erziehungsfähigkeit:

Beurteilung der Erziehungsfähigkeit von Eltern. Einschätzung einer Gefährdung des Kindeswohls. Notwendigkeit einer

Einschränkung oder Entzug des Sorgerechts aus psychologischer Sicht.

Hilfsmaßnahmen für die Erziehung:

Einschätzung der Notwendigkeit von pädagogischen und psychologischen Hilfsangeboten zur Unterstützung der Erziehung.

Erstellung des Gutachtens:

Der Gutachter hat den Auftrag, sich neutral und objektiv ein umfassendes Bild über die Verhältnisse der betroffenen Kinder und Eltern zu machen. Er soll aus psychologischer Sicht beurteilen, welche Regelung dem Kindeswohl am besten dient. Der Sachverständige setzt dazu mehrere Termine in seiner Praxis und in den Wohnungen der Elternteile an. In der Regel erstreckt sich eine Begutachtung über mehrere Monate. Zum Abschluss wird dem Familiengericht das schriftliche Gutachten vorgelegt.

Befragung:

Befragung der Elternteile zur Vorgeschichte und zu ihrer Beziehung zum Kind. Beide Eltern werden in der Regel getrennt befragt. Außerdem können weitere familiäre Bezugspersonen (neue Lebenspartner der Elternteile, Geschwister und Großeltern des Kindes) ihre Sicht schildern.

Spiel:

Das betroffene Kind soll sich über das Spiel und eine Befragung öffnen. Dafür steht in der Praxis ein spezielles Spielzimmer zur Verfügung. Das Kind wird einzeln vom Sachverständigen beobachtet und im Zusammensein mit seinen verschiedenen Bezugspersonen (gemeinsame Spielkontakte mit Elternteilen) begutachtet.

Tests:

Mit dem Kind werden verschiedene kinderpsychologische Tests (beispielsweise Sceno-Test) durchgeführt.

Fachkräfte:

Befragung von beteiligten Fachkräften und Einrichtungen, beispielsweise Jugendamt, Kinderärzte, Lehrer, Erzieher oder Beratungsstellen. Weitere Informationen erhalten Sie auf folgender Seite: www.familiengutachter.de

Wenn Sie mit ihrem Gutachten nicht zufrieden sind, können sie ein Gegengutachten beauftragen. Die Kosten dazu sind min. 1000 Euro aufwärts und letztendlich wird auch nur wieder Papier bedruckt und sie nicht weiterbringen. Ob und wie der Familienrichter das Gutachten vom (SV) Sachverständigen im Beschluss umsetzt bleibt ihm selbst überlassen. Kleiner Tipp, bleiben sie äußerst neutral beim Gutachter (evtl. Schlechtachter) und sprechen sie nicht negativ oder gar hasserfüllt von ihrer lieben Ex. Alle markanten Aussagen werden protokolliert und finden sich später im Gutachten wieder. Mein Gutachten war so niederschmetternd, dass ich mich selbst nicht erkannte. Der (SV) Sachverständige schlug dem Gericht vor, ich solle mein Kind nur noch vierteljährlich sehen, obgleich ich meiner Tochter noch nie etwas getan habe. Andere Gutachten, die den Vätern positiv zugesonnen sind, können aber durchaus ein Einlenken bei der Umgangsregelung bewirken, wenn sie als Vater als erziehungstauglich eingestuft werden.

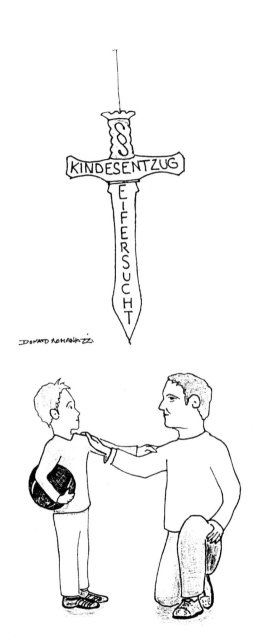

Sage bitte deiner Mutter nicht, dass es dir Spaß gemacht hat.

Was soll mit dem Versorgungsausgleich erreicht werden?

Der im Jahre 1977 eingeführte Versorgungsausgleich ist im Grunde eine Erweiterung des Grundsatzes des Zugewinnausgleichs. Mit diesem wird, wenn Eheleute im gesetzlichen Güterstand der Zugewinngemeinschaft leben, bei der Beendigung der Ehe, das während der Ehe hinzu erworbene Vermögen hälftig aufgeteilt. Davon waren allerdings vor der Einführung des Versorgungsausgleichs die von den Ehegatten während der Ehe erworbenen Rentenansprüche bzw. -anwartschaften nicht umfasst, obgleich diese oft wirtschaftlich gesehen den einzigen oder bedeutsamsten Vermögenserwerb darstellen. Mit der Eherechtsreform des Jahres 1977 wurde das Ziel verfolgt, die Ehepartner nach der Scheidung der Ehe so weit wie möglich wirtschaftlich zu verselbständigen. Der Versorgungsausgleich bedeutet in diesem Zusammenhang, dass die während der Ehe von beiden Ehegatten erworbenen Versorgungsanrechte hälftig aufgeteilt werden und zwar so, dass jeder Ehegatte einen vom anderen unabhängigen Anspruch unmittelbar gegenüber dem Versorgungsträger erwirbt. Damit werden auch mögliche Unterhaltsansprüche nach der Scheidung eingeschränkt. Bei der Durchführung des Versorgungsausgleichs werden sämtliche Versorgungsanrechte eines Ehegatten nach den unten dargelegten Bewertungskriterien erfasst und addiert. Wie beim Zugewinnausgleich wird sodann die halbe Differenz der bei beiden Ehegatten vorhandenen Gesamtbeträge ausgeglichen. Der Versorgungsausgleich findet also stets nur in einer Richtung statt.
Quelle: Web

Sie selbst können die Berechnungen von Renten-versorgungsträger und Familiengerichten eigentlich nur von den angegebenen Arbeitszeiten kontrollieren, weil die Aufstellungen sehr umfangreich sind und einer abschließenden Rentenberechung gleichkommt. Hier gibt es auch nichts zu tricksen. Nehmen sie es einfach so hin, wie der Beschluss vom Gericht auf beide Eheleute zukommt. Ausgeglichen werden nur die Zeiten die während der Ehe erworbenen Anwartschaften. Die Ehezeit gilt ab dem Monat, wo die Ehe geschlossen wurde, bis zum Eingang des Scheidungsantrages. Diese beiden Zeitdaten benötigen sie dann auch später bei der Zugewinn-berechnung und der Erhöhung/Wertsteigerung ihrer Lebens-versicherung.

Nun nehmen wir einmal an, bei der Scheidung gibt der Richter (nach seiner Rentenberechnung) bekannt, dass sie bei Eintritt in ihre Rente/Pension an ihre Ex-Frau 150 Euro monatlich Versorgungsausgleich zahlen müssen. Die gehen dann sofort von ihrem Pensionsgehalt weg und werden der lieben Ex-Frau überwiesen. Ihre Ex stirbt nun aber früher als sie, was eigentlich kaum der Fall ist, dann bekommen sie trotzdem die 150 Euro nicht mehr ausgezahlt. Der Staat lenkt es in ein anderes Töpfchen aber nicht mehr in ihres.

Der Anteil zum Versorgungsausgleich für die Frau ist zum Leben zu viel und zum Sterben zu wenig. Ein Facharbeiter, der 45 Jahre gearbeitet hat, bekommt in seiner Rente monatlich ca. 1150 Euro ausbezahlt. Nach 20 Jahren Ehe, bekommt seine Ex-Frau ca. 250 Euro Versorgungsausgleich. Wie wird sie damit ihren Lebensabend bestreiten?

Die Frau aus empirischer Sicht

Falls Sie das Buch: "Warum Frauen nicht einparken und Männer nicht zuhören können" nicht gelesen haben, möchte ich es ihnen dringend ans Herz legen. Kaufen sie das Taschenbuch und sie werden verstehen, warum Frauen so agieren und ganz anders sind als wir Männer.

Wie war's denn früher

Die Menschheit gibt es, na sagen wir mal ca. 30'000 Jahre, wo sie begannen aufrecht zu stehen und die Fertigkeit erlernten Feuer zu machen. Das konnte kein anderes Lebewesen auf unserem schönen Planeten. Aber wir hatten Intelligenz und vermittelten durch Sprache, was wir vom anderen wollten.
Es gab aber einen gravierenden Unterschied und der war: Mann und Frau. Und beide sind nun mal ganz unterschiedlich. Früher war die Frau in der Höhle beim Lagerfeuer, betreute die Kinder und versorgte diese mit Essen, Trinken und Wohlwollen. Abends kamen die Männer mit dem erlegten Wild nach Hause und warfen es ihren Frauen vor. Die mussten dann das Essen braten und die Männer durften als Erster speisen, da sie ja täglich weit laufen mussten, das Wild im Kampf erlegen und ohne Navigationshilfe wieder zur Höhle zurückfinden. Der Mann war der Held und das Oberhaupt, weil er Essen lieferte und auch den Schutz für die Familie leistete. Und da sich Evolution nicht in ein paar Jahren ändert, haben wir immer noch die gleiche innere Einstellung wie vor vielen tausend Jahren. Der Mann geht zur Arbeit, kommt abends nach Hause und die Frauen kümmern sich um den Haushalt und die Kinder. Die Bezahlung der Männer erfolgte früher mit dem

Essen bzw. mit der Jagdbeute. Heute ist es der Gehaltszettel der für Frauen wie ein Magnet wirkt.

Sie kennen bestimmt den Satz: "Geld macht sexy". Haben sie viel Geld, werden sie auch keine Probleme haben Frauen kennen zu lernen. Falls ihnen auch bei viel Geld keine bleibt, dann kaufen sie sich einfach eine. Sei es auf dem Strassenstrich oder im Bordell. Nun drehen wir mal den Spieß um, kennen sie einen Freund oder Kumpel der für Geld mit anderen Frauen ins Bett steigt und jede nimmt? Vermutlich nein, zumindest kenne ich keinen.

Wir Männer können fast immer, zu jeder Tages- und Nachtzeit und hätten gerne einmal am Tag Sex. Den wollen wir aber nur mit den Frauen die uns gefallen. Frauen lassen sich immer bezahlen. Sicherlich sind die Argumente heute industrieller geworden, den die Schlagworte lauten heute: Unabhängigkeit, eigenes Auto, Scheckkarte, Schmuck und Blumen einmal in der Woche als Geschenk, eigenes Haus mit Familie (am besten nur ein Kind), mindestens zweimal im Jahr Urlaub usw. Für diese Aussage werden die Frauen mich hassen aber es ist mir egal, ja EGAL.

Gehen sie im Sommer ins Freibad und hören den Frauen zu, deren Kinder im Kinderpool planschen und wie sie über ihre Männer herziehen, die in dieser Zeit in der Arbeit sind und sich von ihrem Chef täglich was anhören dürfen. Möchte ja fast behaupten, dass unter Tage der Chef den männlichen Mitarbeiter vögelt, also malträtiert und ihn wegen jeder Kleinigkeit zusammenstaucht. Um den Arbeitsplatz nicht zu verlieren, lässt sich daher der Mann auch alles gefallen, leider! Besonders clevere Frauen schaffen das Timing der Kindergeburten so, dass sie viele Jahre nicht arbeiten müssen. Falls es dennoch zum Bruch kommt, haben sie meist ausgesorgt. Zumindest bei Vätern, die einen guten Job haben oder über Immobilienbesitz verfügen. Ich gestehe aber auch, dass es viele Frauen gibt, die von Sozialhilfe leben, weil die Männer nichts zahlen. Die meisten Sozialhilfeempfänger sind im Übrigen allein erziehende Mütter, Aussage Sozialamt.

Warum die Männer nicht zahlen liegt meist in der hohen Arbeitslosigkeit und der damit verbundenen Unterhaltsleistungsunfähigkeit. Generell gibt es die Tendenz, dass Väter immer für ihre Kinder zahlen, wenn sie es können, aber für ihre Ex-Frauen hassen sie es zu zahlen, weil sie ja nichts mehr von ihnen haben. Und sie verstehen auch nicht, warum sie so lange blechen sollen.

Männer klagen zu Recht an, dass die Frauen in die Arbeit gehen sollen und selbst ihr eigenes Geld verdienen. Männer haben auch kein Problem für Mütter zu zahlen, wenn das Kind noch klein ist und den ganzen Tag die Mama braucht.

Langweile mich nicht mit Säbelzahntigern, denen du entkommen bist. Wo bleibt mein Geschenk.

Evolution – Revolution

Das Gesellschaftsbild ändert sich zunehmend und das weibliche Geschlecht übernimmt immer mehr die Führung. Das kostet beide Partner viel an Substanz und die Kleinigkeiten im normalen Alltag kommen zum Vorschein. Wer bügelt jetzt eigentlich, kocht, wäscht oder kümmert sich um die Kinder. Wenn Frau Karriere macht, muss zwangsläufig die uns bekannte Arbeitsaufteilung auf der Strecke bleiben. Derzeit sind es nur 3,5% der Frauen, die im Führungsstab arbeiten. Diese Zahl wird sich ändern und weit nach oben tendieren. Eine Gleichberechtigung zwischen Mann und Frau wird es ca. im Jahr 2015 geben. Hier müssen beide Teile noch viel lernen, z.B. auch, dass die Männer bei den Kindern zuhause bleiben und den Haushalt übernehmen. Ich kenne einige Familien, wo der Vater für die Kinder zuständig ist und die Frau das Geld nach Hause bringt. Es sind tolle Familien, deren Kinder bestens aufwachsen. Es kann nicht mehr das Monopol der Frau sein, nur für Kind und Haus zu sorgen. Mein kleiner Tipp wäre hierzu, prüfen sie als Mann alle Chancen, bei der "Aufzucht" ihres Sprösslings mitwirken zu können. Das könnte der Erziehungsurlaub sein oder die Teilzeitarbeit. Schicken sie ihre Frau in die Arbeit und bleiben sie zuhause. Es wird ihnen gefallen und sie haben zudem auch noch Zeit im Sommer im Freibad zu liegen und den anderen Frauen zu zuhören, die über ihre Männer herziehen. Sie werden überrascht sein, wie wenig Männer unter Tage und unter der Woche im Freibad liegen, vermutlich sind es unter 7%. Mittlerweile ist die Herzinfarktquote zwischen Mann und Frau fast gleich. Fehlt nur noch, dass wir Männer gleich alt werden wie die Frauen. Dafür gehen die ja früher in Rente. Ja, sie haben richtig gelesen. Aber auch das wird sich im Zuge der Emanzipation ändern. Vermutlich werden sie auch zur Bundeswehr gehen und ihr Land genauso schützen wie es Männer machen.

Wie wir unterschiedlich denken

Medizinisch erwiesen ist es nun mal so, dass die Verbindungen der rechten und linken Gehirnhälfte, bei Mann und Frau unterschiedlich ist. Und daher denken und handeln wir eben anders. So wie die Frau auf Sicherheit ausgerichtet ist, neigt der Mann schon eher mal zu einem Wagnis. Auch das Verständnis und die gesamte Redensart charakterisiert unterschiedlich. Männer sind es gewohnt, mit technisch klaren Anweisungen zu Recht zu kommen. Intuitiv reichen kurze Handbewegungen und wir verstehen was der Andere meint oder was wir machen sollen. Frauen reden viel mehr als Männer und tauschen auch belanglose Sachen miteinander aus. Männer waren auf der Jagd und konnten nicht viel sprechen, weil sonst das Wild aufgeschreckt worden wäre. Es genügte nur ein kurzer Wink mit der Hand und beide, oder das Team wusste, was der nächste Schritt sein wird. Aufgrund dieser nicht abnehmbaren Hürde gibt es nur eine Chance die Diskrepanz von Mann und Frau zu verbessern. Wir Männer müssen doppelt so viel sprechen mit unseren Frauen, als wir eigentlich machen. Sprache ist der Schlüssel für ein glückliches Familienleben. Wird nicht mehr gesprochen ist die Beziehung tot. Reden sie über alle Alltagsituationen und planen ihren Urlaub gemeinsam. Integrieren sie auch ihre Kinder bei den Gesprächen, denn sie haben auch ein Recht zur Mitbestimmung. Selbst die kleinsten Sachen müssen in der Familie besprochen werden. Diese Kommunikation steht im Gegensatz zu Rettungsdienst-Organisationen, die mit drei Wörtern sofort begreifen müssen, was sie zu tun haben. Ich unterrichtete viele Jahre Kommunikation bei einer staatlichen Feuerwehrschule und hatte es meist mit den Helden zu tun. Viele von ihnen sind geschieden und die Scheidungsrate lag weit über 50%. Helden sprechen nun mal nicht viel, sie handeln. Frauen sind anders und müssen sich austauschen.

Sicherheitsdenken einer Frau

Seit der sexuellen Befreiungsbewegung in den 60er Jahren hat sich zwischen den Geschlechtern vieles geändert. Frauen wollten sich nicht länger von der Männlichkeit unterdrücken lassen und begannen, sich vor 30 Jahren dagegen aufzulehnen. Sie schafften es, mit vielen Gesetzten und Gleichstellungsmodalitäten die Weichen für ihre Weiblichkeit in das richtige Lot zu setzen. Das Selbstbewusstsein der Frauen wuchs und wuchs, was die Männer jedoch in eine Identitätskrise im Lebensbereich stürzte. Jedoch im harten Alltagsjob blieb der Wille der Frauen meist aus. Plötzlich beanspruchte die Frau das Recht auf Befriedigung und Liebe im Bett und auf Gleichberechtigung sowohl beruflich, als auch im gesellschaftlichen Leben. Die Emanzipation der Frau ist lebensnotwendig für die Weiterentwicklung der Menschheit, nur wird sie noch etwas an Jahre benötigen. Jedoch birgt sie auch Gefahren. Frauen sind so selbständig geworden, dass sie den Mann nur noch zum Zeugen eines Kindes benötigen. Sie arbeiten, erziehen die Kinder alleine und können sogar Reparaturarbeiten im Haus selbst erledigen.

Diese Selbständigkeit kann kritische Folgen haben. Der Mann fühlt sich überflüssig und die Frau vergisst im Zuge ihrer vielen Arbeits- und Freizeitaktivitäten, dass sie auch noch eine Frau ist und uneingeschränkt um Unterstützung bitten darf. Frauen verlieren durch ihre aktive, männliche Handlung den Flair zu ihrer "weiblichen Liebe". Frauen, die ihre Sexualität wegen Feminismus aufs Spiel setzten, werden es Jahre später meist bitter bereuen. Es ist notwendiger denn je, zu verstehen, wie Menschen sich gegenseitig unterstützen sollten, ohne ihrer eigenen Würde beraubt zu werden. Wahre sexuelle Liebe entsteht nur, wenn sich Mann und Frau in Respekt und gegenseitigem Vertrauen hingeben. Entspannung sollte schon vor dem Zusammenkommen da sein. Es funktioniert nicht, wenn Sex dazu benützt wird, dass man nachher entspannt ist. Eine beglückende sexuelle Begegnung kann nur dann stattfinden, wenn beide keinerlei Ziele verfolgen. Machtkämpfe sind da fehl am Platz.

Ebenso diskriminierend ist es für Männer, wenn sie merken, sie sind nur die Zahler. Sie kommen für alles auf und von der Frau naht nichts mehr. Und wir Männer merken nicht mal, wenn Frauen fremdgehen. Wir sind noch so dumm und geben ihnen Geschenke, weil sie uns sonst mit Liebesentzug knechten. Frauen dagegen riechen es 10 km gegen den Wind, wenn der Mann fremdgeht. Wir können es auf Dauer nicht vertuschen, vergessen sie es! Auch Duschen nach dem Fremdsex und die besten Ausreden, wie: "ich bin noch lange in der Arbeit gewesen" bringen da nichts. Die Sensoren der Weiblichkeit sind zu ausgereift um sie austricksen zu können. Im Falle einer Scheidung wird wohl die Frau ihre Kinder mitnehmen und sie gehen in die größte Krise ihres Lebens. Und sie haben kaum eine Chance das zu ändern. Die Macht der Frauen ist dabei viel zu groß. Im Verlauf einer solchen Entwicklung werden wichtige Entscheidungen immer öfter von der Mutter alleine oder zusammen mit dem Kind getroffen und der Vater wird vor vollendete Tatsachen gestellt. Seine Eifersucht auf das enge Bündnis geht mit einem hilflosen Gefühl einher. Wenn sich seine Enttäuschung in Zorn und Gewalt entlädt, wird die Kluft noch größer. Auch die Anstrengungen, seinen Kindern nahe zu kommen oder zurückzugewinnen, nicht selten verbunden mit der materiellen Verwöhnung, verfehlt oftmals ihr Ziel, weil dadurch der Vater seine Abhängigkeit symbolisiert und sich blindlings ausbeuten lässt. Väter wissen meist nicht, dass nur ein unbeirrtes Interesse an seine Kinder und eine konstante emotionale Zuwendung die Barrieren auf Dauer abbauen können. Mit zunehmendem Alter löst sich erst die Abhängigkeit gegenüber der Mutter und die Kinder werden selbständig und kommen zum Vater. Es soll aber eine Frage der Zeit sein, ob und wie lange der Vater distanziert von den eigenen Kindern wird. Ich habe für mich selbst beschlossen, sollte meine Tochter nicht bis zum 14. Lebensjahr zu mir kommen, habe ich auch keine mehr. Das ist reiner Selbstschutz, denn wer über viele Jahre mit Jugendamt und Familiengerichten streitet und keinen Erfolg sieht, „darf" seine eigenen Kinder vergessen. Ein sehr harter Schritt aber das Resultat wäre fatal und würde mit dem psychischen Untergang enden. Ballast muss weg! Zeigen sie sich neue Wege auf, suchen eine neue Freundin und machen sie sich das schönste Leben wie es nur geht. Dieser Spagat wird wohl finanzielle

Auswirkungen haben, die auch nur sie beurteilen können, aber leben sie weiter und geben sie nicht auf. Bei monatlichen Zahlungen für Frau und Kind, kann das Geld knapp werden, dennoch sind viele schöne Dinge im Leben auch ohne Geld möglich. Einer meiner Freunde, der ebenfalls viele Jahre um seine Tochter kämpfte, bekam einen Anruf seiner Ex zum Geburtstag seiner 18-jährigen Tochter, er möge sich doch auch einmal um seine Tochter kümmern, obgleich er seit mindestens 9 Jahren keinen Kontakt zu ihr hatte oder bekam. Nach dieser langen Zeit, sagte er seiner Ex-Frau, sie solle sich zum Teufel scheren und die Tochter gleich mit, wo ich ihn in jeder Hinsicht Recht gebe. Kommen die Kinder in das pubertäre Alter und bescheren der Mutter dann zunehmend Ärger, dann sollen sie nach Möglichkeit zum Vater abgeschoben werden.

Doch dann ist es zu spät, wie in diesem Falle hat der Vater bis zum Europäischen Gerichtshof geklagt und trotzdem nie seine Tochter gesehen. Die ersten Instanzen von Familiengericht und Oberlandesgericht hatte er zuvor durchlaufen. Der Umgang wurde nie durchgeführt obgleich er das gemeinsame Sorgerecht mit seiner Ex-Frau hatte. Die hatte wie meist zu beobachten, kein Interesse daran, dass der Vater seiner Tochter nahe kommt und boykottierte das über Jahre hinweg erfolgreich. Sie musste ja keine Konsequenzen befürchten. In den USA sind die Rechtssprechungen wesentlich empfindlicher als bei uns in der BRD. Nach minimum 6 Wochen muss der Umgang wieder hergestellt sein, sonst gibt es massiven Ärger für die Frau.

Interessenverbände fordern schon lange:
Auszug: Web

Der Begriff „Sorgerecht" sollte durch den Begriff „elterliche Verantwortung" ersetzt werden.

Verstärkte und frühzeitige Hilfestellung für Trennungsfamilien zur Verringerung sozialer Folgekosten.

Ohne gerichtliche Entscheidung oder Vereinbarung ist Kindes-mitnahme ein Straftatbestand.

Konsequente Einhaltung von Elternvereinbarungen und gerichtlicher Umgangsurteile sind:

zwingend einzuhalten und nötigenfalls auch durchzusetzen (Ordnungsgeld, soziale Arbeit, Sorgerechtsentzug, Freiheits-entzug).

Völlige Gleichstellung der ehelichen und nichtehelichen Eltern hinsichtlich des Sorgerechts.
Erhebliche Steigerung der Mittel zur Schulung des Fachpersonals mit dem Ziel der konsequenten Umsetzung der Kindschaftsrechtsform.

Die Ehe darf nicht mehr als Lebensversicherung angesehen werden. Unterhaltszahlungen gegenüber dem geschiedenen Partner müssen auf eine minimale Zeit begrenzt werden.

PAS

THE PARENTAL ALIENATION SYNDROME (PAS)
Elterliches Entfremdungssyndrom (Eltern-Kind-Entfremdung)

PAS bedeutet die kompromisslose Zuwendung eines Kindes zu einem - dem guten, geliebten - Elternteil und die ebenso kompromisslose Abwendung vom anderen - dem bösen, gehassten – Elternteil. PAS entsteht in hoch konflikthaften Trennungs- oder Scheidungsgeschichten. Äußere Bedingungen der Familie können PAS schüren. Zum Beispiel ist ein Umzug mit den Kindern ans andere Ende des Landes eine Erfolg versprechende Methode, die Eltern-Kind-Entfremdung voran-zutreiben. Die gefährliche Koalition mit einem Elternteil gegen den anderen wirkt da am schnellsten, wo die Kinder spüren, dass ihnen Liebe und Zuwendung des betreuenden Elternteils nur solange sicher sind, wie sie dessen Abneigung gegen den anderen Elternteil übernehmen.

Motive für programmierende, entfremdende Eltern sind die Angst, die Kinder an den Partner zu verlieren oder die alleinige Schuldzuweisung für das Scheitern der Ehe. Interventions-möglichkeiten bestehen in frühzeitiger Beratung und Aufklärung bis zur therapeutischen Hilfe. Diese Maßnahmen sollten von einer kontinuierlichen Wiederanbahnung des Kontakts zum abgelehnten Elternteil begleitet werden.
Quelle: Richard Gardner

Hierzu finden sie Hilfe und Kontaktadressen am Ende des Buches. Im Jahr 2005 war es aber für die deutschen Gerichte noch kein Thema sich der Sache anzunehmen und tendierten es eher als Modeerscheinung und bagatellisierten es. Fragen sie einmal ihre Kindergärtnerin ob sie weiß, was PAS ist, wenn sie Probleme mit dem Kindesumgang haben. Sie werden über die Antwort überrascht sein. Von den ca. 10 Damen, die ich fragte und die sich jeden Tag ausschließlich um ihre Kinder kümmern, wusste nicht Eine was PAS ist. Häufig werden die Kinder von einem der beiden Elternteile benutzt, nur um dem Ex-Partner zu schaden. Dabei sollte von den Behörden und

Gerichten sehr rasch hinterfragt werden: „liebe Frau geht es ihnen jetzt um die Kinder oder wollen sie nur ihrem Ex-Mann schaden?" Es geht doch schließlich immer zum Wohle des Kindes und ALLE sind sich einig, dass ein Kind beide Elternteile braucht, nur umgesetzt wird es nicht, wenn die Mutti blockt.

Die Frau von morgen

Werden wir Männer von den Frauen in Zukunft untergraben, zweifeln sie an unserer Autorität oder wie wird es weitergehen? Man kann Globalisierung und Gleichberechtigung nicht aufhalten, genau so wenig wie Computertechnologie oder die Auswirkungen des Internets. Halten wir Männer doch einfach mit der Zukunft Schritt und schauen mal was kommen wird. Schlimmer als es jetzt mit Trennung und Scheidung ist, kann es gar nicht mehr werden und das beruhigt doch schon sehr. Bei der Polizei und bei der Feuerwehr kommen immer mehr Frauen in den Dienst und machen ihre Arbeit sauber. Sogar in diesem sehr männerbehafteten Beruf. Dennoch picken sich die Damen immer wieder die Rosinen aus dem Alltagsleben. Beispiele hierzu wären: Bei Schlägereien oder Einbrüchen soll erst mal der Mann vorgehen, weil er ja mehr Kraft hat. Oder bei der Feuerwehr in brenzligen Situationen lieber einen Schritt nach hinten gehen als nach vorne. Trotzdem werden es jedes Jahr mehr Frauen, die in diese harte Arbeitswelt eintauchen und ihre Existenz sichern. Wann beginnt der Wertewandel, Frau an die Front und in die Oberliga der Firmen und Männer ab in die Küche? Ihren Status der zarten Weiblichkeit werden sie hergeben müssen, wenn Emanzipation und Gleichberechtigung zum Zuge kommen. Mir gefällt die Lösung sehr gut, mich um Kind und Kegel zu kümmern und jeden Tag zu Hause zu sein. Gerne akzeptiere ich auch den Abwasch und die kleinen Dinge rund ums Haus. Technische Dinge kann ich ja eh besser als eine Frau. Bohren, sägen, schrauben sind doch für richtige Männer gemacht oder kann es eine Frau auch so gut? Feministische Frauen gruppieren sich und erheben sich selbst in die Chefetagen, denn anschaffen haben sie ja gelernt. Wir Männer müssen dabei aber von unserem Machogehabe runterkommen und die Sachlage etwas entspannter sehen, als wir es die letzten einhundert Jahre gemacht haben. Ist doch schön, wenn die Mutter schweißgebadet abends nach Hause kommt und nicht weiß, wo ihr der Kopf steht vor lauter Arbeit. Und sie wird sich die viele Arbeit nach Hause mitnehmen und auch am Wochenende arbeiten. Zeit zum Spielen mit den Kindern wird da allerdings nicht mehr viel bleiben. Wir Männer musizieren mit unseren Kindern, singen ihnen Lieder vor und lesen ihnen abends eine nette Bettgeschichte vor. Das Ganze hört sich heute an wie ein Märchen aber es wird die Realität sein in wenigen Jahren.

Weibliche Führungskräfte haben Lust an der Macht, fühlen sich von Männern aber oft unterschätzt. Dies ist das Ergebnis einer Befragung von 270 Managerinnen durch die Akademie für Führungskräfte der Wirtschaft GmbH und EWMD (European Women's Management Development International Network).

Um den Frauenanteil an der Spitze zu erhöhen, haben viele Unternehmen das Thema Frauenförderung aufgegriffen und diverse Quotenregelungen geschaffen. Denn es gibt auf dem deutschen Arbeitsmarkt genug fachlich qualifizierte Frauen, die hochkarätige Stellen besetzen könnten. Trotzdem gilt nach wie vor: Je höher die Hierarchiestufe, desto niedriger der Frauenanteil. Eine Umfrage von accenture aus dem Jahr 2003 ergab, dass die traditionelle Rollenverteilung zwar noch immer greift: Auf der Siegerseite stehen, öffentliche Anerkennung genießen, Macht und Einfluss besitzen - das ist nicht oft die Sache der Frauen. Dem persönlichen Standard wird eine höhere Bedeutung gegeben als der autoritären Gestaltung des beruflichen Alltags. Die männerdominierte Zivilisation am Arbeitsplatz wurde von allen Befragten als größtes Karrierehindernis genannt, der Einsatz sogenannter "männlicher" Führungsqualitäten gleichzeitig als unumgänglich angesehen. Entschluss- und Durchsetzungskraft rangieren in der Accenture-Umfrage unter Frauen in Führungspositionen weit vor Einfühlungsvermögen. Andererseits äußerten die Frauen auch, dass die in der Realität offenbar viel zu wenig umgesetzte Vereinbarkeit von Familie und Beruf sowie der Mangel an flexiblen Arbeitszeitmodellen nach wie vor als zentrales Problem den Weg ganz an die Spitze blockieren.

Die Frauen, sagt die britische Feministin Fay Weldon und fordert "Mitleid" für die Männer: diese gebeutelten Geschöpfe, die gesundheitlich angeschlagen und schwer verunsichert sind und derzeit massenhaft ihre Arbeit verlieren. Sie bittet darum, den männlichen Hang zum schlechten Benehmen als "verzweifelten Schrei" zu verstehen.

Arbeit, Geld, Besitz: Weltweit sieht es nicht gut aus für die Frauen. Sie leisten zwei Drittel der Arbeit, verdienen insgesamt ein Zehntel des globalen Einkommens und besitzen ein Prozent von Grund und Boden.

Grund zur Rache, so scheint es, gibt es nicht. Nicht mit Gewalt jedenfalls. Gewalt ist fast immer männlich, und das gilt weltweit. In China lassen Ärzte und Eltern weibliche Babys sterben, weil sie nur Söhne behalten wollen. In Indien werden immer noch Witwen verbrannt. Zwei Millionen Frauen, vor allem Afrikanerinnen, werden jährlich grausam an ihren Genitalien verstümmelt. In Afghanistan werden Frauen Finger abgehackt, wenn man sie auf der Straße mit Nagellack erwischt.

In Deutschland erlebt jede sechste, nach manchen Schätzungen auch jede dritte Frau Schläge oder Schlimmeres in ihrer Partnerschaft. Neun von zehn Gewalttätern sind männlich, und das Muster ist häufig dasselbe: Männer töten, weil sie nicht ertragen, dass eine Beziehung zu Ende ist. Frauen töten, damit sie aufhört. Das klingt eher nach Scheitern als nach dem großen Aufbruch, den sich die Frauenbewegung einst versprach. Hat sie versagt?

Nur die entscheidende Frage - "Warum geben sich Frauen mit Männern ab?" - bleibt noch immer unbeantwortet. Ein deutscher Forscher befragte 1200 Frauen und Männer zwischen 18 und 65 Jahren über ihre sexuellen Erfahrungen und kam dabei zu einem niederschmetternden Ergebnis:

63 Prozent der Männer hielten sich für tolle Liebhaber, während 76 Prozent der Frauen erklärten, sie wären sexuell frustriert. Auch ohne einen so großen empirischen Aufwand zu betreiben, stellten zwei Wiener Autorinnen am Ende ihrer Studie ("der kleine Unterschied") die Frage, ob Frauen und Männer "am Ende nicht einmal artverwandt" sind? Natürlich war die Frage rhetorisch gemeint, die Antwort klar: Männer und Frauen verhalten sich zueinander wie zwei nicht kompatible Computersysteme.

Wie bereits im Vorwort angedeutet, haben wir Männer noch einen großen Feind der uns mit Adlersaugen beobachtet. Er kreist von weit oben, kontrolliert, manipuliert und setzt zum Angriff an, wenn seine Ideologie nicht so durchgesetzt wird, wie er das haben möchte. Ja, ich spreche von der lieben Schwiegermutter. Der Alptraum jedes Mannes einer neu gegründeten Familie. Na gut, es mag schon ein paar Ausnahmen geben. Sagen wir einfach mal, es sind so um die 5 - 10%, wo es richtig nette und vor allem zurückhaltende Schwiegermütter sind. Die es auch kapieren, ihren Schützling, also die eigene Tochter alleine zu lassen und ins Leben zu senden. Aber die restlichen 90% dieser Familientöter sind wie hinterhältige Aasfresser. Wenn sie merken, dass ihr Schützling (ihre Tochter) vom Mann nicht so behandelt wird, wie sie der Meinung ist, hängt der Haussegen nicht nur schief, sondern die Ehe geht in die Brüche. Die Macht der Schwiegermütter ist genau so groß, wie die Macht der Mütter auf ihre eigenen Kinder. Unterschätzen sie dieses Imperium keinesfalls. Ich gebe ihnen hier Tipps, wie sie den Umgang mit Drachen verbessern können und somit ihre Ehe sicher in einen Hafen der Liebe steuern.

Checkliste für Schwiegermütter

1.) Ziehen sie möglichst nach der Heirat weit weg.
2.) Kontakte auf ein Minimum reduzieren.
3.) Streiten sie niemals mit der SM (steht nicht für Sado-Maso, sondern für Schwiegermutter).
4.) Zeigen sie stets ein freundliches Gesicht.
5.) Widersprechen sie der SM nicht.
6.) Kleine Aufträge von Ihr sollten sofort erledigt werden.
7.) Größere Aufträge mit einem befreundeten Handwerker ausführen, ohne dabei eine Rechnung zu stellen.
8.) Geben sie Ihr bei der Kritik immer Recht.
9.) Machen sie es so, wie sie es meinen aber sagen sie es ihr nie.
10.) Fahren sie mit der SM nie in den Urlaub.
11.) Keine Einladung zum Übernachten geben.
12.) Besuche auf ein Minimum abgrenzen.

13.) Bei Kindergeburtstag die SM einladen, weil dann wenigstens ihre Tochter/Sohn was davon hat (Geschenk).

14.) Geschenke zwar annehmen aber immer sagen: "Das hätte es doch nicht gebraucht, liebe Berta (oder wie sie auch heißt).

15.) Sollten sie es persönlich schaffen, drücken sie die SM, nehmen sie in den Arm oder geben Ihr sogar einen Kuss. Sie hat bestimmt schon längere Zeit keine Wärme gespürt und das tut ihr gut. Das mag und braucht nämlich jeder Mensch.

16.) Die SM hat leider auch Recht auf ihr Kind. Geben sie es Ihr, zu fest geregelten Zeiten. Maximal aber nur 2 Stunden in der Woche.

17.) Schenken sie Ihr ein Bild von ihrer glücklichen Familie.

18.) Pumpen sie die SM nie nach Geld an. Sie sind dann immer der Schuldner und Versager.

19.) Sollten sie mit Ihr streiten müssen, haben sie bereits verloren.

20.) Dann Scheidungsfolgevereinbarung (siehe Buch Ende) mit ihrer Frau ausfüllen und abwarten was kommt!

Sie mögen die Geschichte mit der Schwiegermuter belächeln oder gar in Zweifel stellen. Sollten sie noch keine Schwierigkeiten mit dieser Dame haben, seien sie froh und danken dem Herrn. Gerade beim Hausbauen oder bei der Kindesbetreuung sind die SM's sehr hilfreich, aber die Gefahr zu einer massiven Manipulation auf ihre Frau ist zu groß. Ihre Frau kann und wird sich nicht gegen ihre eigene Mutter auflehnen. Kleine Tipps von ihr, manchmal aufs Kind aufpassen, wenn es sein muss auch mal über Nacht, damit die Eheleute mal wieder richtig fortgehen können und erst um 3 Uhr oder 5 Uhr morgens heimkommen, aber mehr sollten es nicht sein.

Meine Scheidung begann mit einem von mir nicht installierten Licht in der Garage. Die SM sagte zu mir, warum ich kein Licht in die Fertiggarage einbaue und was ich denn für ein Mann sei. Weil sie jeden Tag anwesend war und am und im Haus immer etwas zu erledigen hatte, wurde mir die Sache genau zu diesem Zeitpunkt zu viel und mir platzte der Kragen. Ein Wort gab das andere und sie war sehr verärgert. Ich hätte wahrscheinlich noch eine Chance gehabt, hätte ich mich bei ihr entschuldigt. Nein, ich habe es nicht getan und habe auch heute noch kein Licht in der Garage, weil ich es nicht brauche. So im Nachhinein, hätte ich einfach das blöde Licht einbauen sollen, wieder auf die Zähne beißen und meinen Mund halten. Es hätte vermutlich unsere Ehe gerettet. So war aber der Ärger vorprogrammiert und bereits am Abend, konnte ich mir was von meiner Frau anhören, weil ich die liebe Schwiegermutter verärgerte, obgleich sie doch jeden Tag bei unserem Hausbau mitgeholfen hat und eine sehr wertvolle Hilfe war. Sie kam aber dann gar nicht mehr, zog ihre Tochter zu sich nach Hause und später natürlich auch meine kleine Tochter. Es gibt ja typische Ehekiller, wie Hausbau, Kinder bekommen und Urlaube. Viele glauben es nicht, aber bereits einer dieser Punkte kann so stark in die Psyche eingreifen, dass es sein kann, dass ihre Ehe scheitert. Sie kennen bestimmt die Geschichten mit dem Urlaub, wo viele Pärchen danach auseinander gehen. Und das nur bei einem 14-tägigen Urlaub, wo aber beide immer eng aneinander gebunden sind. Das normale Arbeitsleben sieht da ja ganz anders aus und funktioniert daher besser als der ständige Kontakt zum anderen Geschlecht. Viele Paare haben bereits jetzt schon getrennte Wohnungen und verstehen es prächtig miteinander auszukommen. Man findet Reglements, sich zu bestimmten Zeiten oder auch die Nächte miteinander zu verbringen, Spaß zu haben aber dann wieder den gewünschten und auch wichtigen Abstand voneinander zu genießen. Sicherlich haben sie die doppelte Miete zu leisten, wenn jeder der beiden Partner eine eigene Wohnung bezieht, aber sie haben doch genug Zeit im Leben. Wenn es wirklich klappt, können sie nach Jahren immer noch zusammen ziehen, mit wesentlich weniger Gefahr daran zu scheitern.

Steuerliche Aspekte haben schon immer eine große Rolle gespielt um zu heiraten, weil das schon mal 500 Euro mehr oder weniger in der Tasche im Monat sein kann. Aber dieses vorab gewonnene Geld zahlen sie bitter drauf, wenn das Ganze in die Hose geht und sie sich nach Jahren scheiden lassen. Da kommen dann Zahlungen auf sie zu, an die sie nie gedacht hätten. Viele Jahre Unterhaltszahlung an die Ex-Frau, Zugewinnausgleich, Anwalt-/Gerichtskosten sowie Gutachten. Bei mir waren es 100'000 Euro für ein Jahr Ehe!

Meine Hoffnung wird es sein, dass politische Instanzen erkennen, mit welchen ungleichen Maßstäben hier agiert wird und dass eine Gesetzesänderung unabdingbar ist. Denn ohne Druck passiert nichts. Gleiches ist zu erkennen, wenn sie als Autofahrer immer betrunken fahren und dabei keine Auswirkung spüren. Der Polizist ermahnt sie und gibt ihnen maximal ein Bußgeld von 20 Euro. Wäre doch ein Witz oder? Ähnliche Situation haben wir mit Handysprechen beim Autofahren, was derzeit nur 40 Euro kostet und einen Punkt in Flensburg bringt. Wenn die Sache 150 Euro kostet, kauft sich jeder eine Freisprecheinrichtung, falls er oder sie beim Autofahren telefonieren möchte.

Wenn ich aber meinen Mitmenschen folgenden Vorschlag unterbreite, stoße ich auf große negative Kritik.
Geschiedene Frauen die ihre Kinder dem Vater vorenthalten oder entfremden, haben mit folgenden Konsequenzen zu rechnen:

1.) Einstellung der Unterhaltszahlung gegenüber der Frau
2.) Freiheitsentzug von 3 Monaten (erste Stufe)
3.) Freiheitsentzug von 6 Monaten (zweite Stufe)
4.) Kompletter Entzug des Sorgerechts

Immer wieder höre ich, dass es unmenschlich sei, eine Frau einzusperren, aber es ist mindestens so unmenschlich, dem eigenen Vater die Kinder vorzuenthalten.

Ich sehe es im Übrigen als einen Straftatbestand an und betrachte es gleichzusetzen mit Kindesentführung, welches ja auch strafrechtlich verfolgt wird. Also, Druck für die Damen, die sich bis heute so sicher fühlen und ihre Kinder als ihr Eigentum ansehen. Kinder sind kein Spielzeug für psychisch kranke Frauen. Auch Psychologen sollten das lernen. Jede Umgangsverweigerung über sechs Wochen kommt zum Kadi und wird angezeigt. So einfach wäre das!

In Bayern sagt man:
Klare Kasse, klare Freundschaft!

Klare Worte, klare Sache!

Noch ein kleiner Beitrag zur Kommunikation zwischen Mann und Frau. Frauen reden nun mal mehr als Männer, das liegt eben in der historischen Vergangenheit. Sie wissen schon, Männer jagen, brauchen daher ihre Ruhe und Frauen sind den ganzen Tag in der Höhle gesessen und haben vor sich hin gequatscht. Vergessen sie es als Mann immer, ihren Senf bei Gesprächen dazu zu geben. Nicken sie einfach alle 3 Minuten mit dem Kopf und alle 5 Minuten sagen sie: „ja, ja". Diese einfache Regel ist der Grundstock für eine super und lang anhaltende Kommunikation zwischen Mann und Frau. Fangen sie bloß nicht an, den Inhalt von Frauengesprächen zu analysieren. Es macht keinen Sinn und die Frau will das auch gar nicht. Sie sollen ihr einfach nur zuhören und nicht Kritik üben, was sie meinen tun zu müssen.

„Ein Kind braucht seine Mutter", dass das so bleibt, da wachen die „Nur-Muttis" darüber wie die Schießhunde, um ja nichts an diesem Mythos zu ändern.

Der schlimmste Feind einer Nur-Mutti ist die Frau, die Kindeserziehung, Haushalt und zudem noch einen Job/Beruf hat. Starke Frauen mit Job und Beruf werden auch in 15 Jahren noch frei und unbeschwert durchs Leben gehen und brauchen sich nicht zu fürchten, wenn ihr Brötchengeber (der Ex-Mann) sich eine neue Freundin suchte und die Alte aussonierte. Über was, soll bitte eine Nur-Mutti mit Papi jeden Tag reden, wenn die Kinder aus dem Haus sind? Den Papi kann es nur langweilen und daher sucht er sich eine neue Flamme. Die berufstätige Hausfrau zeigt es der Nur-Mutti, wie wenig im Haushalt zu machen ist und das ist nicht Theorie sondern schmerzhafte Praxis. Selbst typische Karrierefrauen gehen arbeiten und kümmern sich noch um den Haushalt. Wann also wird dieser Mythos sterben? Diese Damen, die sich in jungen Jahren bereits dem Arbeitsleben ausgeschlossen haben, sollten sich selbst bemitleiden, aber nicht den Schuldigen woanders suchen, sondern bei sich selbst, denn es ist der Obolus, den sie für viele schöne Jahre ohne Arbeit bezahlen müssen.

Ob ihnen dann noch ihre, über alles geliebte Kinder, zur Seite stehen ist eine andere Frage.

Zugewinn

Abzocken bis nichts mehr geht

„Hätten sie einen vernünftigen Ehevertrag gemacht würden sie jetzt nicht so tief im Schlamassel sitzen", sagte der Anwalt und er hatte Recht. Dieser Ehevertrag ist quasi die Lebensversicherung für die Ehe. Es gibt sogar die „Härte 10" Verträge, die schon mal unter die Gürtellinie gehen und die können zwar als unsittlich/sittenwidrig bemängelt werden, aber wenn sie einen vor der Ehe gemacht haben, sind sie immer auf der Gewinnerseite. Haben sie keinen, unterliegen sie der Zugewinngemeinschaft, die aussagt, dass ab dem Tag der Hochzeit das gesamte Vermögen beiden Eheleuten gehört. Ausgenommen sind die Werte die sie bereits schon vor der Ehe hatten. Kaufen sie sich also eine schöne Eigentumswohnung während der Ehe, gehört ihnen das Ding zusammen. Kauft sich der Mann von seinem erarbeiteten Geld ein Auto, ist die Hälfte davon in Ehefrau-Besitz. Damit das nicht so ist, sollten sie unbedingt einen Ehevertrag beim Notar oder beim Rechtsanwalt ausarbeiten. Der kostet sie zwischen 1500 und 3000 Euro, aber das Geld ist bestens angelegt, wenn die Ehe zerbricht. Wie das Vermögen aufzuteilen ist, regeln die Vorschriften über den Zugewinnausgleich. Auch hier benötigen sie unbedingt einen Anwalt. Zugewinn ist der Betrag, um den das Endvermögen einer der Ehepartner dessen Anfangsvermögen übersteigt. Ist also einer der Ehepartner mit nichts in die Ehe gekommen und hat am Ende 30.000,- Euro auf dem Sparbuch, dann beträgt sein Zugewinn eben diese 30.000,- Euro.

Zugewinn = Endvermögen – Anfangsvermögen

Das Anfangsvermögen ist das Vermögen, welches der Ehepartner am Tage der standesamtlichen Eheschließung besitzt. Bei der Berechnung des Anfangsvermögens werden somit beim Endvermögen die Passiva, also die Verbindlichkeiten, von den Aktiva abgezogen. Ja, so klingt das bei Rechtsanwälten und meist haben wir „Normalos" davon nicht allzu viel verstanden. Die jonglieren mit Fremdwörtern um sich, dass sie meinen sie stehen im falschen Film. Ähnliches werden sie erleben, wenn sie die Post vom Gericht bekommen und die ihnen Sachen reinschreiben, von denen sie nicht mal wissen, wie sie auszusprechen sind. Hatte der Ehemann bei der Eheschließung ein Haus mit einem Wert von 300.000,- Euro und war dieses mit einem Darlehen in Höhe von 200.000,- Euro belastet, so belief sich sein Anfangsvermögen auf 100.000,- Euro. Das Anfangsvermögen kann allerdings grundsätzlich niemals geringer als 0,- Euro sein. Selbst wenn bei einem Ehegatten die Schulden höher sind als das Aktivvermögen. Der Zugewinnausgleich ist eine reine Rechengröße und zählt dabei auf, wie groß das Anfangs- und auch Endvermögen während der Ehe ist. Falls ihnen also vor der Ehe eine Eigentumswohnung bereits gehörte, ist die auch nach der Ehe ihr Eigentum und die Frau hat keinen Anspruch darauf. Nur was beide Partner während der Ehe sich beide aufgebaut haben, wird nach der Scheidung geteilt. Viele Ehepaare, die im gesetzlichen Güterstand leben, unterliegen dem Irrtum, dass mit der Hochzeit das gesamte Vermögen beiden Eheleuten gemeinsam gehört. Das stimmt aber nur, wenn die Eheleute das ausdrücklich bestimmen. Meist ist das der Fall beim Erwerb eines gemeinsamen Hausgrundstücks und beide im Grundbuch eingetragen sind.

Lebensversicherung

Es gilt vorab zu klären, wem denn die Versicherung gehört. Läuft die Lebensversicherung auf beide Partner, sollten sie sich mit der Versicherungsgesellschaft über eine Teilung einigen. Die Kündigung mit dem Rückkaufswert wird wohl die ungünstigste Möglichkeit sein, weil dadurch viel Geld verloren geht. Beachten sie bitte, dass sie im Rahmen der Zugewinnberechnung den Zeitwert der Lebensversicherung für die Dauer der Ehe mit einberechnen müssen. Soll heißen, der Wert der Versicherung zu Beginn der Ehe wird mit dem Wert des Tages des Scheidungsantrages gegen gerechnet und sie haben dabei quasi einen finanziellen Zugewinn erwirtschaftet, den sie mit ihrer Ex-Frau teilen müssen. Günstiger ist es daher bereits vor der Ehe, ihrer Ehemaligen nichts von den Versichcrungen zu sagen und es zu verschweigen. Rechtschutz, Hausrat und Haftpflichtversicherungen enden mit dem Scheidungsurteil oder bei Auszug der ehelichen Wohnung. Dass sie nach einer Scheidung natürlich die Begünstigten ihrer Lebensversicherung auf ihre Kinder oder Eltern umschreiben und die Ex dort rausnehmen, dürfte klar wie Kloßbrühe sein. Sie soll ja nichts davon haben, wenn sie beim Scheidungskrieg „abnippeln" und im Todesfall die Auszahlungssumme an sie geht.

Wir sind hälftige Eigentümer unseres Hauses, was passiert?

Die meisten Ehepaare, die ein Haus besitzen, sind jeweils zur Hälfte auch Mieteigentümer. Festgelegt ist das entweder im Grundbuchamt oder im notariellen Kaufvertrag. Haben beide Partner die monatlichen Zinszahlungen gemeinsam geleistet, wird es bei der Trennung oftmals einer der beiden Eheleute nicht mehr schaffen, soviel Geld auf die Seite zu bringen. Bevor sie sich selbst über viele Jahre knechten und schauen, wo sie das Geld herbekommen, steigen sie lieber aus, aus dem schlechten Geschäft und verkaufen sie die Burg (Haus/Wohnung). Schön wäre dann, wenn für beide eine Eigentumswohnung herauskäme und jeder ein neues Leben anfangen könnte. Beim Streit um den Zugewinnausgleich können sie gut und gerne bis zu vier Jahre rumrechnen. Manche nutzen das als Taktik, um weiter alleine in der gemeinsamen Immobilie zu wohnen oder die Zugewinnauszahlung an die Ex-Frau nach hinten zu schieben, weil sie dann noch Zeit haben, das Geld zu besorgen. Am schnellsten geht jedoch eine einvernehmliche Lösung beider Partner in der Einigung, wer wem was auszahlt und somit ist die Sache schnell vom Tisch. Falls nicht, kommt zur aufwendigen Zugewinnberechnung noch ein Wertschätzungsgutachten des Hauses oder der Immobile dazu. Die gerichtlich bestellten Gutachten kosten so um die 3000 Euro. Falls ihre Ex ein richtiger Zankapfel ist, vergessen sie es gleich wieder, einen privaten Gutachter zu beauftragen, der nur die Hälfte kostet. Den wird nämlich ihre liebe Ex-Frau garantiert nicht akzeptieren, weil sie ja meint, er handelt zu ihrem Vorteil und setzt einen gerichtlich bestimmten Gutachter ein. Somit haben sie evtl. zwei bezahlt. Falls dann ein Gutachter bei ihnen vorbeischaut, seien sie freundlich, zeigen ihm die Baumängel und weisen sie ihn auf die Besonderheiten hin. Bahnstrecke in der Nähe, Autoverkehr, Lärm usw. Eine weitere Möglichkeit wäre natürlich, eine Einigung zu finden in dem sie die Immobilie den Kindern überschreiben oder der Ex-Frau ein Wohnrecht auf Lebenszeit zusichern. Aber Vorsicht, viele Frauen spielen mit der Liebe zu ihren Kindern und sagen: „Du tust es ja für die Kinder". Aber wie können sie wissen, wie sich ihre Kinder in vielen Jahren zu ihnen verhalten! Daher ist höchste Besorgnis geboten. Einer meiner Freunde überschrieb sein 600'000 Euro teures Haus inkl. dem Grund auf seine Ex-Frau, indem sie ihm nur 50'000 Euro auszahlte, weil es ja für die Kinder war. Den Kindern gehörte somit also das Haus und die Mutter hatte lebenslang ein Wohnrecht. Ein gravierender Fehler, denn es wäre besser gewesen, sie hätten das Anwesen verkauft und die Einnahmen geteilt. Jeder hätte sich – auch mit Kinder – ein neues Heim aufbauen können. Wenn sie das Haus nicht verkaufen können, warum auch immer, versuchen sie wenigstens die monatlichen Zinsen zu zahlen, weil sonst haben die Banken das erreicht, was sie schon immer machten, wenn Einer nicht zahlt.

Die Bank ist beim Ausfall ihrer Darlehnsverbindlichkeiten nicht mehr an den ursprünglichen Vertrag gebunden und schlagartig sind die Zinsen nicht mehr wie von ihnen ausgehandelt bei 5,5% sondern bei 14% und das macht eine Menge aus. Das hat zur Folge, dass sich ihre Schulden schlagartig erhöhen. Sie sind dann kaum mehr in der Lage den Schuldenberg über viele Jahre abzubezahlen. Ihr Exitus ist in greifbare Nähe gerückt und zwar ohne Haus und dennoch mit sehr vielen Schulden. So machen sie ganz flott aus 300'000 Euro, 350 TSD. Und dann kommt es zur Zwangsversteigerung und da wissen sie selbst, was dabei rauskommt. Ihr lieb gewordenes Eigenheim wird zum Butterbrotgeld an einen neuen Eigentümer verschnalzt. Sollten sie immer noch keine Lust haben, das Haus zu verlieren, könnten sie es selbst oder ein Verwandter am Besten bei der zweiten Versteigerung selbst steigern. Die erste öffentliche Versteigerung ist noch an einen finanziellen Rahmen gebunden und benötigt ein Mindestgebot. Beim zweiten Versteigerungstermin ist das nicht mehr der Fall. Aber das gleicht einem Pokerspiel, auf das sie sich nur einlassen sollten, wenn sie die Nerven dazu haben und sich bestens informiert haben. Ihre Ex-Frau wird von der Bank, bei der sie beide den Darlehenvertrag unterschrieben haben, nicht so einfach raus gelassen, weil sie auch die zweite Sicherheit bildet und die Bank kommt sofort zu ihr wenn sie (als männlicher Dukatenesel) nicht mehr zahlen können. Falls sie den Vertrag ablösen möchten, weil ihnen eine andere Bank bessere Konditionen macht, kostet sie das bei 300'000 Euro gut und gerne 25'000 Euro. Das nimmt ihnen die Bank dann ab, weil ihnen die Zinsen entgangen sind. Und eines ist sicher, wenn ihre Bank bemerkt, dass sie nicht mehr zahlungsfähig sind, geht's richtig zu Sache und sie sind der Gejagte. In diesem Spiel geht es hart und grausam zu. Zeigen sie daher vorher keine Schwäche. Denn wer das zeigt hat schon verloren, die stürzen sich wie die Habichte auf sie und holen ihnen die letzten Geldstücke raus, die sie erbeuten können.

Geschenktes Vermögen

Bei der normalen Zugewinngemeinschaft muss das während der Ehe erworbene Vermögen geteilt werden. Wird während der Ehezeit etwas geschenkt oder geerbt, muss das Vermögen nicht geteilt werden. Meist geht das geerbte oder geschenkte Geld auf das gemeinsame Sparbuch von Mama und Papa. Das sollte aber auf keinen Fall so sein. Am besten ist, ihre Eltern überweisen es ausschließlich auf ihr Sparkonto und schreiben darauf: Schenkung für meinen Sohn Max Mustermann am: xy Tag in Höhe von X-tausend Euro oder Auszahlung in bar. Somit ist es nur für sie bestimmt und die Ex hat keinen Anspruch darauf. Selbst wenn sie es nicht bekommen haben, können sie bei der Zugewinnberechnung von der Oma einen schriftlichen Beleg mit einfließen lassen, in dem die Oma bestätigt, ihnen beim Hausbau 50'000 Euro in bar gegeben zu haben. Unterschrift: Oma Mustermann. Somit schnellen sie ihr Anfangsvermögen nach oben, was für sie von Vorteil ist. Für die Stichtage der Zugewinnberechnung gibt es zwei Tage und zwar: der dunkelste in ihrem Leben, also der Tag der Trauung und die Zustellung des Scheidungsantrages. In diesem Zeitfenster müssen sie das Anfangsvermögen (Beginn Ehe) möglichst hoch angeben und das Endvermögen (Scheidungsantrag) mit möglichst wenig. Um das geht's hier eigentlich!

Wo sie sonst noch tricksen können

Sollten sie nicht gerade ein Beamter oder Angestellter sein, der finanziell so durchsichtig wie eine Glaskugel ist und ein Geschäft haben, können sie den erwirtschafteten Gewinn in einen sicheren Hafen legen, der am besten im Ausland ist. Davon sollte ihre Ex-Frau aber nichts wissen. Dieser Personenkreis weiß dass meist ohnehin, wie man Geld zur Seite bringt, ohne das der Fiskus und die Ex-Frau was davon bemerkt. Als Angestellter und Beamter kommen sie da nicht aus, sie legen einfach die letzten drei Jahre die monatlichen Lohnzettel vor und da steht alles schön drauf. Da können sie nichts ändern oder mogeln, weil das bereinigte Nettoeinkommen für die Unterhaltszahlungen für die Ehefrau und für die Kinder von diesen Zahlen berechnet wird. Nur wenn sie ein Geschäft haben, können sie diese Zahlen verschleiern. Das Auto sollte am Anfang der Ehe möglichst viel wert sein und beim Ende natürlich sehr wenig. Vergleichspreise finden sie auf den gängigen Internet-Plattformen. Bei ihrer Ex machen sie es natürlich anderes herum und kritisieren es. Die Kiste war am Anfang wenig wert und bleibt sehr wertbeständig. Meist wird sie den Zeitwert ihres Kfz. als zu niedrig ansetzten und das müssen sie monieren.

Wenn Ihnen ein Ehevertrag vorgeschlagen wird

Lassen sie sich auf keinen Fall vorschnell in einen Ehevertrag hinein drängen. Informieren sie sich ausgiebig, ob bei Ihnen eine derartige Konstellation gegeben ist, die es sinnvoll erscheinen lässt, vom gesetzlichen Güterstand abzuweichen. In jedem Falle sollten sie den entsprechenden Vertragsentwurf durch einen **eigenen** Rechtsanwalt prüfen lassen, der nur Ihre Interessen vertritt. Denn, wie bei jedem anderen Vertrag, so gilt auch hier, die Vertragspartner stehen sich als zwei Parteien gegenüber, die unterschiedliche Interessen verfolgen. Jeder sollte außerdem für sich selbst ergründen, welche generelle Auffassung er von Ehe und Partnerschaft hat, die es notwendig machen könnte, dieses Verhältnis vertraglich zu regeln. In diesem Ehevertrag sollten sie Minimum eine modifizierte Zugewinngemeinschaft vereinbaren und den nachehelichen Unterhalt regeln. Die Kosten dieser Vereinbarung teilen sich dann beide Eheleute je zur Hälfte.

Tabelle Excel Zugewinn

Mit einer selbst erstellten Exceltabelle können sie immer gut kontrollieren, wie denn der Stand ihrer Berechnung ist und wo noch Klärungsbedarf besteht. Ihre Tabelle könnte wie folgt aussehen.

Frau xy				Herr xy			
Beschreibung	DM	EUR	Info	Beschreibung		EUR	Info
Anfangsvermögen			> 26.10.2002	**Anfangsvermögen**			> 26.10.2002
Kontoguthaben	26.800,00 €		> wo ist denn das	Sparvermögen, lt Sparda		47.000,00 €	lt. Belege 1
LBS	2.900,00 €		Geld geblieben?	Schenkung Mutter		30.000,00 €	lt Beleg 2
LBS	2.100,00 €			Schenkung Mutter		10.000,00 €	lt Beleg 3
Bayern LV	1.200,00 €			Priv kto xxx		6.500,00 €	lt Beleg 4
Iduna	500,00 €			Geschäft Kto xxx		7.800,00 €	lt Beleg 5
BMW kfz	4.500,00 €			Bargeschenk Oma		10.000,00 €	lt Beleg 6
Schenkung Mutter	2.500,00 €			Eigentumswhg		s o	lt Belege 7
				Einrichtung Whg		11.500,00 €	lt Beleg 8
Anfangsvermögen gesamt	40.500,00 €			Anfangsvermögen gesamt		122.800,00 €	
Endvermögen			> 16.10.2005	ist **alles** ins Haus geflossen			
Konto inkl. LBS	3.900,00 €			**Endvermögen**			> 16.10.2005
Iduna	2.100,00 €			Priv kto		1.423,00 €	lt Beleg 9
Bayern LV	2.500,00 €			Geschäft kto		1.652,00 €	lt Beleg 10
BMW kfz	1.400,00 €		> korrigiert				
Summe	9.900,00 €		am 16.09.04	Summe		3.075,00 €	am 16.09.04
Hauswert	480.000,00 €			Hauswert		480.000,00 €	
abzgl Darlehn	296.000,00 €			abzgl Darlehn		296.000,00 €	
verbleibt	184.000,00 €			verbleibt		184.000,00 €	
hiervon 1/2	92.000,00 €			hiervon 1/2		92.000,00 €	
Endvermögen gesamt	101.900,00 €		plus Endvermögen	Endvermögen gesamt		95.075,00 €	plus Endvermögen
Zugewinn	61.400,00 €		min. Anfangsvermö.	**Zugewinn**		-27.725,00 €	min. Anfangsvermö.
						> negativer Wert nicht möglich	
				Ausgleichsforderung hiervon 1/2 =		ca. 30 TSD	

Links ist ihre Ex-Frau und recht sind ihre Berechnungen und zwar beginnend bei der Trauung = Anfangsvermögen und endet mit der Zusendung des Scheidungsantrages = Endvermögen.

Verzögerungstaktik

So manche Familienrichter (falls es je einer lesen wird!) mögen mir verzeihen, wenn ich das so beschreibe. Wenn nur die Scheidung beantragt wurde, geben sie keinerlei Stellungnahme ab.

Die Formulare werden erst nach Androhung von Zwangsgeld ausgefüllt und dann noch unvollständig. Zum ersten Gerichtstermin werden sie nicht erscheinen. Zeigen sie nicht auf, als wären sie untergetaucht, sondern besorgen sie sich eine Krankmeldung vom Arzt. Am besten an dem Tag wo die Verhandlung wäre. Mehrere Folgesachen im Verbund geltend machen. Besonders lange dauern Zugewinnverfahren, Sorgerechtsregelungen und Hausratsverfahren, was somit eine Qual für Anwälte bedeutet. Berufen sie sich auf die Härteklausel des § 1568 BGB. Nutzen sie Rechtsmittel immer vollständig aus und schöpfen mit allen möglichen Dingen (Urlaub, Krankheit, Anwaltswechsel usw.) eine Fristverlängerung aus.

Wie vermeidet man die Zahlung des Prozesskostenvorschusses?

Sie werden mit wahrscheinlich großem Erfolg aufgefordert, für die zu erwartenden Prozesskosten ihres mittellosen Partners einen sogenannten Prozesskostenvorschuss zu zahlen. So etwas gibt es tatsächlich, auch wenn sie es kaum glauben. Gleichzeitig schulden sie später sicherlich Zugewinnausgleich. Der Tipp, zahlen sie einen Vorschuss auf den noch zu berechnenden Zugewinn auf ein Konto der Ex. Damit kann der Ehepartner keinen Prozesskostenvorschuss mehr verlangen, denn nun hat er ja Geld für seine Anwalts- und Gerichtskosten.

Wie wird der Hausrat aufgeteilt?

Der Hausrat, der beiden Eheleuten gehört, soll "gerecht und zweckmäßig" verteilt werden sie die Hausratsverordnung. In der Regel wird also der Hausrat, der im Eigentum beider Eheleute steht, hälftig zwischen beiden verteilt. Wenn das nur so einfach wäre. Hier wird geblockt und gefeilscht um jeden Haargummi und die gerichtlichen Verfahren können sehr lange dauern. Die in seinem Alleineigentum stehenden Gegenstände darf jeder Ehepartner grundsätzlich selbst behalten. Hier wird nur dann eine Ausnahme gemacht, wenn der andere Ehegatte auf die Weiterbenutzung angewiesen ist und es dem Eigentümer zugemutet werden kann, sie dem anderen zu überlassen. Das ist zu befürworten, wenn es im Interesse der Kinder liegt, wenn z.B. das Klavier für deren Ausbildung notwendig ist. Voraussetzung ist also auch, dass es dem anderen Ehegatten nach seiner Vermögens- und Einkommenslage nicht möglich ist, sich Ersatzgegenstände zu beschaffen. Um das liebe Auto wird am meisten gestritten.

Unterhalt / Sklavenmoral

Es ist doch absolut hirnrissig, wenn ein Mädchen im Alter um die zwanzig Jahre, perspektivlos und im Hinblick auf ihre Zukunft und dutzende Bewerbungsabsagen folgende Aussage in die Tat umsetzt: "Wenn ich nach der Ausbildung keinen festen Job bckomme, dann bekomme ich erst mal ein Kind!" Sie muss in diesem spätpubertären Alter bereits wissen, dass es eine Art weibliche Lebensversicherung gibt, die ihr fast ein Leben lang Unbeschwertheit und finanzielle Absicherung bietet. Nur finden muss sie ihn noch selbst, den finanz-potenten Mann. Dieser ist aber in ihrem weiblichen Instinkt bereits seit der Geburt manifestiert. Mama und Papa haben ihren Sprössling ja bereits aus dem Nest geworfen und zeigten ihr, wie sie überleben kann. Nur funktioniert das Spiel mit Arbeit und Brot zu sehr harten Konditionen, die dem schwachen Geschlecht kaum oder nicht zuzumuten sind.

Gut verdienende und blendend aussehende Männer sind in diesem Stadium bereits zur Jagdbeute von gesellschafts-unfähigen Frauen geworden, die lediglich noch ihren Körper zum Verkauf anbieten können. In der Schule und im Beruf versagt, bleibt ihnen nur noch der Verkauf ihrer Seele, jedoch wenn sie es geschickt anstellen, haben sie ein Leben lang eine gesundheitsfördernde Hausfrauenarbeit mit einem angenehmen 5 Stunden Tag.

Zehn Jahre später, sind es dann die Frauen, deren innere Eieruhr zum Klingeln kommt, die dann aufgrund ihrer biologischen Wirkung unbedingt ein Kind möchten. Sie haben keine Zeit mehr und wünschen sich nichts mehr als einen kleinen Balg an ihrer Seite. Der Mann als Beute wird durchleuchtet wie ein Flugzeug mit einem Radargerät am Frankfurter Airport. Besonderes Augenmerk wird auf den Inhalt der Geldbörse und dessen Nachfülligkeit gelegt. Ist viel darin ist der Typ wesentlich „sexier" als wenn Ebbe erscheint. Das ist quasi die geniale Lebens-/Rentenversicherung für Hauptschul-Damen ohne Abschluss zwischen zwanzig und dreißig Jahren. Kinder werden zu lukrativen Einnahmequellen deklariert, denn selbst allein erziehende Sozialhilfe-Muttis haben Anspruch auf Unterhalt. Das Sozialamt verklagt den "Vati" auf Unterhalt und wenn der nicht mehr als den notwendigen Selbsterhalt von derzeit 840 Euro als Berufstätiger aufbringt, muss leider Vater Staat einspringen.

Und das kostet den Steuerzahler immerhin über 700 Millionen Euro im Jahr.

Es dürften so um die 1,5 oder 2. Milliarden Euro sein, die an Unterhaltsleistungen von Vätern an betroffene Frauen monatlich ausgezahlt werden.

Kaum vorzustellen, wenn dieser männliche Personenkreis plötzlich alle Sozialhilfeempfänger werden und ihre Flügel - im Zuge einer Arbeitsverweigerung - hängen lassen. Wenn die nicht mehr in die Arbeit gehen oder wollen und somit die Kindesmutter und die Kinder nicht mehr finanziell unterstützen, wäre das ein deutsches Desaster. Wie lange würde es wohl dauern, bis unsere eh schon gebeutelte Bundesrepublik Deutschland platt am Boden läge? Wie lange könnte sich das ein Staat leisten? Wer nicht ausreichend leistungsfähig ist, um Unterhalt bezahlen zu können, kann beim Sozialamt anfragen, was diese Leute für ein Druckmittel haben, das wirklich was bringt. § 170 b StGB kann nur dann greifen, wenn der betroffene Unterhaltspflichtige sich nicht angemessen verhält. Das Unterhalts- und Familienrecht ist längst der häufigste Grund für Insolvenzen, wie Inkassounternehmen zu berichten wissen. Sind Väter wirklich die Unterhalts-drückeberger Nummer eins? Ein Pharse, die nicht tot zubekommen ist. Es erscheint fast wöchentlich in der Presse, wiedergekaut seit vielen Jahren und immer wieder gut geschmiert, von den bekannten Frauenlobbys, deren Geschäfts-modell die Beibehaltung der mütterlichen Lebensversicherung Unterhaltszahlung ist. 94 Prozent der Väter, die sich mit der Mutter das Sorgerecht teilen, gaben an, Kindesunterhalt zu leisten - und immerhin 85 Prozent der Müttcr bestätigten das. Ein zweifelhaftes Licht werfen einige Studien übrigens auf die Frauen. Sind Mütter unterhaltspflichtig, dann ist es mit ihrer Zahlungsmoral nicht allzuweit her.

57 Prozent der unterhaltspflichtigen Mütter mit gemeinsamem Sorgerecht, gaben an, gegenwärtig keinen Kindesunterhalt zu

leisten. 90 Prozent der Männer leisten Unterhalt. 40 Prozent Frauen leisten Unterhalt. Um sich seiner Verantwortung zu drücken, ist also eher eine weibliche Disposition. Untersuchen wir nun mal die Gründe für Nichtzahlung. Niedriges Einkommen von Vätern wird zu 60 Prozent der Hauptgrund der Väter sein, warum sie nicht zahlen können oder wollen. Eine mindest genau so große Verweigerung wird man antreffen, wenn Väter ihre Kinder nicht sehen dürfen und daher in ein traumatisierendes Loch fallen und ihre Zahlungen einstellen. Es geht ihnen alles nur noch am, (gelinde gesagt): „am Arsch vorbei" und es ist ihnen alles egal. Solche frustrierten Männer kriegt man auch bei Gericht mit Beschlüssen nicht in die Knie. Es gibt dutzende Männer die lieber in den Knast gehen, als ihrer Ex einen Euro zu zahlen. Ich habe nie verstanden, warum der Druck, sei es von Jugendämtern oder Gerichten immer nur auf die Männer ausgerichtet war. Frauen mussten sich nie oder nur mit Samthandschuhen Fragen zur Lebenseinstellung gefallen lassen. Nur kein Druck auf Frau mit Kind, lautet heute noch die Devise. Die Klagen über schlechte Zahlungsmoral der Väter sind jedenfalls weder auszurotten noch zu entkräften. Man hört selten die Justiz: „Warum gehst Du liebe Frau denn nicht in die Arbeit?" oder: „Warum gibt's Du Dein Kind, dem Vater nicht und ihr teilt euch die Arbeit?" Nein, Frauen mit Schlangencharakter haben es über viele Jahre gelernt, die sozialen Sicherheitseinrichtungen für sich auszunutzen. Ob der Ex-Mann dabei vor die Hunde geht, ist dem weiblichen Geschlecht völlig egal. Hauptsache er bleibt als Zahler weiterhin erhalten. Falls er den gewünschten Unterhalts- anspruch an die Mutti nicht hinbekommt, soll er doch ruhig nach der Arbeit einen Nebenjob annehmen. Der soll ackern bis er umfällt, er hat ja auch seinen Spaß dabei gehabt. Würde man hier den Spieß umdrehen, wie hoch wäre das Geschrei von den

Mamis, die ja ausschließlich für die Aufzucht ihrer Lieblinge da sind und andere Arbeiten partout ablehnen.

Ich habe mir mal den Spaß gemacht und nachgerechnet, wie oft ich in ein Puff / Bordell hätte gehen können, anstatt in nur vier Jahren Ehe über 100'000 Euro zu verblitzen. Am Straßenstrich hätte ich bis an mein Lebensende zweimal pro Woche Sex gehabt und in einem seriösen Puff wären es auch schon viele Jahre gewesen.

Der Unterschied zwischen einem Bordell und einer Ehe ist, sie wissen vorher schon was sie zahlen müssen. Harter Spruch mit Ironie aber es ist was dran.

Wüssten die meisten Männer vom Schicksal nach der Ehe, sie würden es bleiben lassen oder mindestens einen gut ausgearbeiteten Ehevertrag in das zukünftige Leben (Verbund der Ehe) mit einbringen. Und nur mit einem Notariell beglaubigten Ehevertrag wird geheiratet. Aber dennoch sind auch in heutiger Zeit viele Männer dem irrigen Glauben unterlegen, sie gehören nicht zu den 54 Prozent derer, die sich scheiden lassen. Frei nach dem Motto: „Bei uns passiert das nicht!" Ich hatte sogar einen Ehevertrag beim Notar gemacht und lies ihn aber nach einem Jahr annullieren, weil meine geliebte Ex-Frau dermaßen auf die Tränendrüse drückte und mir immer wieder sagte, ich vertraue ihr nicht. Selbst beim Notar weinte sie und hatte unser Kind auf dem Arm und mimte auf unschuldiges Fräulein. Das Ende vom Lied war, der Vertrag wurde aufgehoben und sie bekam wieder Recht in ihrem schmutzigen abgekarteten Spiel.

Hinweis:

Sollte es ein paar Frauen geben, die dieses Buch lesen,

möchte ich keinesfalls einen Rundumschlag machen und alle Frauen als charakterlos hinstellen. Im Gegenteil es dürften nur so um die 30 Prozent der Ehefrauen sein, die dieses System so gnadenlos ausnutzen und genau um die geht es hier. Die Liebe zwischen Frau und Mann ist das schönste auf der Welt und darf keinesfalls zum Geschlechterkampf ausfächern.

Weiter im Text:

Die meisten Verpflichteten sind dennoch Väter und nicht Mütter. Kein Wunder denn in 95 Prozent aller Fälle vor Gericht wird das Aufenthaltsbestimmungsrecht über die Kinder gegen den Willen der Väter der Mutter zugesprochen.

Das Unterhaltsrecht ist ein nicht mehr zeitgemäßes Monster, dass meist Unterhaltspflichtige sowie Berechtigte in ihrem Lebensinhalt zerstört. Eine drastische Abänderung seitens der Gesetzeslage ist schon lange überfällig, jedoch ist der Beamtenappartat Deutschland zu träge geworden um sich zeitnah auf die geänderten Lebenslagen zu orientieren.
Hat die Frau während der Ehe nicht gearbeitet, muss sie sich auch während der Phase des Getrenntlebens keinen Job suchen. Ausnahmen sind lediglich denkbar, wenn die Ehe nur eine kurze Zeit gedauert hat und die Frau davor erwerbstätig war. Mütter müssen vor dem neunten Geburtstag eines Kindes grundsätzlich nicht arbeiten gehen. Für den Unterhaltsanspruch während des Getrenntlebens spielt es kaum eine Rolle, aus welchem Grund die Eheleute getrennte Wege gehen. Um die Höhe des Unterhalts zu berechnen, zählt das bereinigte Einkommen. Dazu zählen leider alle Einkünfte, außer Sozialhilfe und Arbeitslosengeld. Abziehbar sind die Steuern, Sozialabgaben, Werbungskosten, die gemeinsam erworbenen Schulden und die Fahrten zur Arbeit. Einer nicht

erwerbstätigen Ehefrau stehen drei Siebtel vom Nettoeinkommen des Ehemannes zu. Vom Verdienst des Mannes wird zunächst der Unterhalt für die minderjährigen Kinder abgezogen. Die Frau kann dann drei Siebtel vom verbleibenden Rest beanspruchen. Zudem hat ein erwerbstätiger Unterhaltspflichtiger in diesem Fall einen Mindestselbstbehalt von 840 Euro. Ist die Ehe kinderlos, beträgt der Selbstbehalt 950 Euro (West) bzw. 880 Euro (Ost). Ist das Einkommen zu gering, um alle Ansprüche zu decken (sog. Mangelfall), stehen die den Selbstbehalt übersteigende Summe und das gesamte Kindergeld der Frau und den Kindern zu.

Mogeln wird teuer

Wer Unterhalt bezieht und dabei Nebeneinkünfte verschweigt, verstößt gegen die Treuepflicht gegenüber dem Ex-Partner. Dies führt zum Verlust sämtlicher Unterhaltsansprüche, Zitat OLG Bamberg. Ich versuche aber dennoch ihnen alle mir bekannten Tricks mitzuteilen.

Eigentlich wäre es ja der Job der Rechtsanwälte sie zu 100% so zu beraten, damit sie möglichst wenig an ihre Ex-Frau zahlen müssen, aber die haben schlichtweg zu viel zu tun. Meist bleibt ihnen nur die Überprüfung der Zahlen und Daten, die ihnen ihr Anwalt vorgibt. Aber letztendlich geht's nur darum, ihr Einkommen auf einen möglichst geringen Wert zu schrauben und das von ihrer Ex immer anzuzweifeln und nach oben zu korrigieren. Darauf zu warten, dass sie eine Straftat gegen sie unternimmt, wird wohl selten der Fall sein. Sollte ihre Ex sie dennoch einmal windelweich schlagen, zeigen sie sie an und weisen ihr die Straftat nach, dann sind sie nicht mehr Unterhaltspflichtig. Wenn sie mit Drogen handelt oder einen Betrug unternimmt, dann gleiches Spiel. Eine Anzeige bei der Staatsanwaltschaft über die Polizei kostet sie gar nichts und kann Wunder bewirken. Das mag nämlich keine Frau unangenehme Fragen der Polizei beantworten. Wenn ihr Ex-Liebling also zu Unrecht von der Sozialhilfe (ARGE) Kindes- oder nachehelichen Ehegattenunterhalt kassiert, sie einer Schwarzarbeit nachgeht oder sie Einahmen hat, gleich welcher Art und diese nicht deklariert sind, auf in den Kampf, sofort Anzeige bei der Polizei und den sozialen Einrichtungen einleiten. Keine Gnade, denn die gibt's bei den Damen auch nicht, über die ich hier berichte. Die zünden sie für weit weniger an und drücken sie aus, wie eine Zigarette am Boden. Leider kann der Unterhalt für die Kinder auch von den Jugendämtern festgesetzt werden, allerdings ist auch eine private, an den gültigen Tabellen der Oberlandesgerichte orientierte Vereinbarung ausreichend.

Danke du dummer Ex-Mann. Wenn ich in die Arbeit gehe, bekomme ich weniger Geld.

Eigenheimzulage / Steuern

Wer seinem Ex-Partner seinen Anteil am gemeinsamen Eigenheim unentgeltlich überlässt, kann immerhin weiter von der Eigenheimzulage profitieren. Und das sind zurzeit ca. 3400 Euro im Jahr. Die werden aber bei den Unterhaltsberechnungen wieder an Einnahmen dazugerechnet. Da kommen sie genauso wenig darum, wie wenn sie Steuerrückerstattungen erhalten, welche auch zu ihren Einnahmen zählen. Sprechen sie unbedingt mit ihrem Steuerberater, wenn es um Realsplitting geht, denn nur er kennt die Modalitäten. Ähnliches gilt beim Wechsel in eine andere Steuerklasse, die auch über ihn realisiert werden sollte. Das Gebiet Steuer ist viel zu umfangreich, um hier ohne Profi weiterzukommen. Diese Beratungskosten sind gut angelegt und unser deutsches Steuerrecht ist zu komplex, um es in drei Zeilen zu erörtern.

Verfahrenskosten sparen

Scheidungskosten berechnen sich nach dem dreifachen Einkommen beider Ehepartner - bei 3300 Euro Nettoverdienst also 9900 Euro, zuzüglich 500 Euro für den Versorgungsausgleich. Nach einer Tabelle setzt er nun sein Salär/Honorar nach RVG (Rechtsanwaltsvergütungsgesetz) fest. Besteht Einigkeit zwischen den Partnern und wird nur ein Anwalt beauftragt, belaufen sich die Gesamtkosten auf ca. 2000 Euro. Ein zweiter Anwalt für den anderen Partner kostet weitere 1500 Euro. Teuer wird es vor allem dann, wenn sich die Rosenkrieger nicht friedlich trennen können, was ja meist der Fall ist. Wie Streit die Scheidungskosten mordsmäßig in die Höhe treiben kann, zeigt ein Beispiel der Anwalts- vereinigung: Ein Paar mit 5000 Euro monatlichem Nettoeinkommen und 100'000 Euro Barvermögen zahlt für eine friedliche Scheidung mit nur einem Anwalt im besten Fall

2750 Euro. Ein zweiter Anwalt und der Streit um 10'000 Euro Hausrat verdoppeln bereits die Kosten. Lässt das Paar alle Scheidungsfragen (Unterhalt, Zugewinn, Hausrat) gerichtlich festlegen, sind schnell 15'000 Euro verfeuert. Also einigen sie sich selbst oder geben ihre hart verdiente Kohle eben den Anwälten, ganz wie sie wollen. Besprechen sie auch unbedingt, ob es für sie nicht möglich wäre, Prozesskostenhilfe in Anspruch zu nehmen. Sie können dann Gerichts-/Anwaltskosten in Raten abzahlen oder sie werden ihnen gar erlassen. Das heißt, dass für sie die Vertretung durch einen Rechtsanwalt kostenlos ist, sofern die Rechtsverfolgung nicht mutwillig und aussichtslos ist. Bisher schreibt das Rechtsanwaltsvergütungsgesetz vor, dass eine Erstberatung 185 Euro kosten muss, allerdings ist es erlaubt, über den Preis zu verhandeln.

Schulden

Für gemeinsame Schulden müssen beide Partner auch weiterhin einstehen. Für die Gläubiger spielt es keine Rolle, ob die Ehe geschieden wird. Zahlt ein Partner seinen Teil nicht, haftet der Andere in vollem Umfang. Hat dagegen ein Partner allein Schulden gemacht, muss der andere dafür nicht aufkommen. Für in die Ehe mitgebrachte Schulden haftet der jeweils andere Partner auch nicht - allerdings mindern diese das Anfangsvermögen beim Zugewinnausgleich. Gemeinsam erwirtschaftete Schulden, z.B. der Kauf einer Eigentums-wohnung kann daher für sie eine große Wertschöpfung sein, wenn sie in der Wohnung bleiben und die Schulden und Kreditzahlungen bei der Unterhaltsberechnung abziehen können. Ich zahlte für die Schulden am gemeinsamen Haus monatlich fast 2000 Euro.

Hätte ich die nicht gehabt, müsste ich meiner Ex-Frau nicht wie gegenwärtig 1200 Euro im Monat zahlen, sondern fast um 1000 Euro mehr. Also machen sie Schulden in der Ehe!

Kleiner Trick

Auf Anraten eines Anwaltes bin ich wieder in die Kirche eingetreten und habe die Krankenkasse gewechselt. Bei der Berechnung des Unterhaltes hatte ich somit mehr an Ausgaben zu leisten. Nach Festlegung des Unterhaltes bin ich wieder aus der Kirche raus gegangen und habe die Krankenkasse erneut gewechselt. Somit habe ich bei mir zwischen 80 Euro und 90 Euro auf meine Seite gebracht.

Unterhaltstitel ist Zahlurkunde

Erhältlich mit Urteil des Familiengerichtes über Anwalt (sehr teuer)
Über Notar (auch teuer)
Über Jugendamt (kostenlos)

Aus Unterhaltstiteln kann gepfändet werden, daher nennt man sie auch vollstreckbare Titel. Die Unterhaltspflicht entfällt oder wird vermindert in folgenden Fällen:

- Tod des Unterhaltspflichtigen. Stirbt der Vater, bekommt das Kind möglicherweise Halbwaisenrente. Im Unterhaltsrecht ist ein toter Vater wertvoller als ein armer Vater.

- Das Kind verbringt mindestens 50% des Jahres beim Unterhaltspflichtigen. Beide Eltern leisten dabei zu gleichen Teilen den Betreuungsunterhalt.

- Das Vermögen des Kindes ist so groß, dass sein Einkommen daraus für die Unterhaltsberechnung relevant wird. Grosse Erbenschenkungen, können somit die Unterhaltzahlung bis auf ein Minimum senken.

- Wenn das Kind wegadoptiert wird, zum Beispiel vom neuen Mann der Ex-Frau. Wenn der Umgang sowieso verweigert wird und dauerhaft keine Bindung zwischen Vater und Kind möglich ist, wäre das eine Alternative.

- Das Kind ist volljährig und hat seine Ausbildung abgeschlossen. Oder macht gar nichts mehr. Schulbescheinigungen und Nachweise über den Fortgang der Ausbildung müssen nachweisbar sein.

- Der unterhaltsleistende Vater ist nicht zahlungsfähig. In der Praxis wird das nur in ganz wenigen Fällen akzeptiert. Beispiele: Dauerhaft Schwerstkranke oder arbeitslose Sozialhilfebezieher, minderjährige Väter die sich noch in der allgemeinen Schulausbildung befinden. Arbeitslose mit weiterbildenden Maßnahmen oder ein Studium beginnen.

Wenn das alles bei ihnen nicht zutrifft, dann geht's an den Rechenschieber und der sollte vom Anwalt bedient werden. Sie bringen ihm das Futter, in Form von Daten und er stopft den Vorderlader. Die Berechnungen zum Unterhalt können gut und gerne ein bis zwei Jahre dauern. Aber die Zeit arbeitet für sie und wer den längeren Atem hat, ist meist der Sieger. Daher korrigieren sie ihre Einnahmen immer nach unten und wenn sich was bei ihnen geändert hat, bzgl. des Einkommen machen sie sofort eine Änderungsklage beim Familiengericht. Sie müssen lange genug für ihre Ex-Frau zahlen, wenn die nicht arbeiten will. Erst wenn das Kind sein 14. Lebensjahr vollendet hat, müssen sie für ihre ehemalige Gemahlin nicht mehr zahlen.

Ja 14.Lebensjahr! – Kennen sie eine bessere Lebensversicherung? Das heißt, wenn die nicht will, macht sie sich einen faulen Lenz und sie zahlen bis sie fix und fertig sind.

Eine Mitarbeiterin vom Jugendamt sagte mir einmal: „Sie würde keinen unterhaltspflichtigen Mann nehmen", warum wohl. Und diese Aussage kam von einem Profi, der nur Unterhaltspfändungen eintreibt und vollzieht. Sollte ihre Ex-Frau meinen, sie ist zu alt zum Arbeiten, dann hat sie insoweit Recht, denn ab 52 Jahren ist es für sie nicht mehr zumutbar in die Arbeit zu gehen. Ganz heikel wird es, wenn die auf psychisch krank macht und sagt, sie könne nie mehr arbeiten. Das wird wohl der Härtefall und wenn sie damit durchkommt, mittels Gutachten usw. dann bleibt ihnen nur noch der Auszug von Deutschland. Will sie nach der Scheidung eine Ausbildung machen, denken sie bloß nicht, dass geht sie nichts mehr an, Nein, auch die sind zum Teil über einen gewissen Zeitraum auf sie übertragbar. Den Wohnvorteil, den einer der Partner genießt, wenn der in der gemeinsamen Wohnung bleibt, wird oftmals vom gegnerischen Anwalt als zu hoch angesetzt. Hier müssen sie nur die Tageszeitung ansehen und Vergleiche ziehen. Auf dem Land sind qm-Preise so um die 5 Euro üblich, keinesfalls aber 8 Euro und höher. Ähnliches ergibt sich bei den Fahrkosten zur Arbeitsstätte. Hier sollten sie die Anzahl der Tage, die sie in die Arbeit fahren um min. 15% nach oben schrauben und nicht die üblichen 5% berufsbedingten Aufwendungen tolerieren, die dann so um die 90 Euro liegen. Nein! Stellen sie eine Liste auf, wie teuer es ist, in die Arbeit zu fahren. Und ihr Chef schreibt ihnen auf ein Blatt Papier, dass sie auch am Wochenende in die Arbeit müssen, wegen Servicetätigkeit am Sonntag usw., damit sie nicht an öffentliche Verkehrsmittel gebunden sind. Dann rechnen sie den Kilometer mit 30 Cent ab und das wird dann mehr werden als die 90 Euro. Suchen sie ihrer „Alten" einen neuen Job und zahlen sie ihrem Freund die Kohle, was der an Gehalt auszahlt. Nach einem Jahr kann er sie wieder rausschmeißen. Ob sie nun Unterhalt zahlen oder das Gehalt ihrer Ex, das ist egal, aber sie nutzen das Kontinuitäts-Prinzip, welches aussagt, dass bei

Beendigung der Unterhaltszahlungen von ihnen über einen gewissen Zeitraum keine weiteren Unterhaltszahlungen mehr möglich sind, wenn sie einer Arbeit nachgegangen ist. Hierzu fragen sie bitte nochmals den Anwalt, wenn ihnen ein Geschäftsfreund diese Möglichkeit anbietet. Bloß werden die meisten Frauen einen Teufel tun und wieder in die Arbeit gehen, weil die ja genau wissen, dass sie dann nicht mehr so viel Geld von ihnen bekommen. Meist geben sie die Nebentätigkeit als Putze oder Kellnerin nicht an oder noch fieser, sie gibt nur 200 Euro an, ist dann offiziell versichert bei der Bundesknappschaft und schiebt den Rest des Geldes „schwarz" ein. Da können sie eigentlich nur zusehen oder den Chef an den Kragen gehen und ihn wegen Schwarzarbeit bzw. Steuerhinterziehung anzeigen.

Hat ihre Ex-Frau ein Geschäft, fordern sie alles an, was sie an Unterlagen haben können, sogar die Einnahmen/ Überschussrechnung der letzten drei Jahre und prüfen sie dieses ganz genau. Wenn was nicht passt, sofort zum Anwalt damit. Sollte sie sich wehren, drohen sie sofort mit einer Auskunftsklage bei Gericht, das wirkt meistens und die Unterlagen kommen innerhalb 14 Tagen zur Einsicht. Auch die Abschreibungen vom Geschäft sind genau zu prüfen. Und wenn da was in den privaten Bereich rübergewandert ist, abmahnen und die Zahlen korrigieren. Viele Geschäftsleute schreiben alles auf ihr Geschäft, sogar die Zahncreme für die Freundin und deklarieren es fürs Büro. Nachweise sind hier nicht so leicht zu erbringen. Sollten sie Mieteinnahmen haben, kündigen sie dem Mieter, (inoffiziell) schreiben sie den Vertrag um auf die Mutter und transferieren sie die Miete auf Mutters Konto und später als Schenkung an sie. Somit sind es nicht mehr ihre Einnahmen. Das geht besonders gut, wenn sie eine Erbengemeinschaft haben und ihnen nur die Hälfte oder ein Viertel der Wohnung gehört. Wenn ihre Ex mit einem neuen Lover zusammenwohnt (ca. ein Jahr), können sie das als Minderung geltend machen und somit weniger Unterhalt zahlen. Nachweisen müssen sie ihr die gemeinsame Haushaltsführung. Sie muss aber dann mit ihm kochen, wohnen, einkaufen usw., wenn sie eine Minderung anstreben. Eine kleine Bettgeschichte genügt da keinesfalls und die Beauftragung eines Detektivs kostet meist mehr als es die Sache wert ist.

Also kurzum:

Ihre Einnamen nach unten schrauben
Ihre Einnahmen nicht deklarieren
Ihre Einnahmen auf Mutter/Vater umschreiben
Ihre Ausgaben angeben/erhöhen – Fahrkosten, Versicherung…

Die Einnahmen der Ex-Frau in Frage stellen/prüfen, ändern
Sie wohnt mit dem Neuen in einer Wohnung, Abzug Unterhalt
Schwarzarbeit prüfen/melden
Seien sie kreativ! Es wird sich lohnen

Versäumnisurteil

Vorsicht wenn der gegnerische Anwalt mit diesem hässlichen Wort droht, weil sie dann eine Frist haben, um bestimmte Angaben zu machen. Sollten sie das "verpennen", dann erreicht der Anwalt somit ein Versäumnisurteil und der Beschluss ist rechtskräftig. Fristen haben den Teufel und bewahren sie sich davor, diese nicht einzuhalten. Wenn sie es zeitlich nicht schaffen ist es notwendig, dass ihr Anwalt eine Verlängerungsfrist am Gericht stellt, dass gibt ihnen wieder min. 14 Tage Zeit.

Mein Einkommen hat sich verringert, darf ich jetzt weniger Unterhalt überweisen?

Nein, sofern der Unterhalt tituliert ist. Erst muss eine erfolgreiche **Abänderungsklage** beim Amtsgericht stattgefunden haben. Bis zu sechs Monaten Arbeitslosigkeit kann als vorübergehende Erscheinung gewertet werden. Der Verpflichtende hat außerdem höchste Anstrengungen nachzuweisen, sich um Arbeit zu bemühen - Richter verlangen 20-30 schlüssige schriftliche Bewerbungen pro Monat. Jeden Telefonanruf, jede Bewerbung, jede Rückmeldung, jeden Beweis für das Nichtvorhandensein von Stellenageboten, jeden Gang zum Arbeitsamt müssen sie dokumentieren und vorlegen.

Fazit

Es ist schon sehr merkwürdig, dass wir Männer **nie** (oder sehr selten) ein Problem haben, für unsere eigenen Kinder zu zahlen. Aber für die Frauen, die jahrelang nicht mehr arbeiten wollen, weil sie in der Regel zu faul sind, es hassen zu zahlen ist es als völlig legitim anzusehen. Es kann ethisch und moralisch nicht mehr vertretbar sein, dies auf Dauer zu gestatten. Männer verstehen sehrwohl, wenn die Kinder klein sind, dass die Mütter nicht arbeiten können, aber wenn der kleine Zwackel dann in die erste Klasse geht, könnte sich die Dame schon mal um einen Halbtagsjob kümmern oder? Papa ist ja auch noch zum Aufpassen da und das auch bei geschiedenen Paaren, mit oder ohne Trauschein. Oder ist es nur die Sache der Männer jeden Tag in die Arbeit zu gehen?

Kindesentfremdung

Ich fragte mich jahrelang warum Frauen so unmenschliche Züge haben und ihre eigenen Kinder den Vätern vorenthalten. Ja letztendlich war es für mich der Entschluss, dieses Buch zu schreiben. Mit wurde zwar bestätigt, dass es schon mehrere Bücher zu dem Thema gibt, aber die waren alle von Juristen oder Psychologen geschrieben und die können "Normalos" wie du und ich kaum verstehen. In vielen schlaflosen Nächten hatte ich sehr viel Zeit über Kindesentfremdung und über meine eigene Misere nachzudenken. Anfangs war ich auch der Meinung, wenn ich Jugendämter und Familiengerichte einschalte, dann werden die mir schon helfen, weil es ja schließlich ein Recht auf Gleichberechtigung zwischen Mann und Frau gibt. Heute, ca. fünf Jahre später weiß ich, dass mir keiner geholfen hat und dass Gleichberechtigung noch lange nicht das ist, was es heißt. Im Laufe der Zeit musste ich auch miterleben, je länger ich per Gericht und Anwalt gegen meine Ex-Frau vorging, destoweniger Chancen hatte ich auch, meine kleine Tochter zu sehen. Ob ich jemals noch eine Gelegenheit dazu bekomme, das weiß ich derzeit noch nicht. Die Zeit wird es wohl regeln. Den Frauen werden zu 99% die Kinder nach der Trennung zugesprochen, warum das so ist versteht vermutlich keiner. Nennen wir es einfach "Bestandsrecht". Und mit diesem Bestandsrecht kommen die Damen aber ganz gut durchs Leben.
Bei Kindesentfremdung durch die Mutter erkannte ich zwei Einflussgrößen die dazu beitragen, dass der eigene Vater seine Kinder nicht sehen darf.

a) Psychische Verhaltensstörung gekoppelt durch
b) charakterloses Verhalten mit gnadenloser Abzockerei

Zu a) sollte man wissen, Frauen die psychisch vorbelastet sind, erkennen ihre Defizite leider nicht selbst. Ähnliches Phänomen stellt sich auch bei Alkoholikern heraus, die auch nicht zugeben wollen, dass sie krank sind. Beide Gruppierungen werden alles unternehmen, um nicht aufzufallen und werden ihre Krankheit verbergen. Mit der Scham können sie nicht leben, aber genau dort ist der Hebel. Selbst ändern sich diese Frauen nicht und suchen den Fehler immer beim Mann, aber zum Arzt gehen sie leider auch nicht, weil sie ja nicht erkennen, dass sie psychologischen Rat benötigen. Psychische Auffälligkeiten diagnostizieren Ärzte nicht so leicht, weil es doch unproblematischer ist, einen Armbruch medizinisch zu erkennen, der sich am Röntgenbild aufzeichnet. Aber wie bitte sehen sie mit Messgeräten, dass ihre Frau einen psychischen "Vollschlag" hat? Es gibt keine Messinstrumente. Ihr eigenes Fingerspitzengefühl wird es ihnen nach vielen Jahren sagen. Aber dann hilft ihnen keiner und keiner wird der Frau wegen psychischer Krankheit das eigene Kind wegnehmen und dem Vater geben. Wenn sie im Krisenfall ihre Ehe retten wollen und bei einer Scheidung die Gefahr besteht, dass sie die Kinder nicht mehr sehen, dürfen sie ihrer Frau nicht mehr widersprechen.

Kompromisse und Einigungen sind nur im Minimalverfahren möglich. Harte Worte oder gar körperliche Gewalt sind absolut tabu. Ihre Frau hat immer Recht und wenn's um die Kinder geht, dann erst recht. Sollten sie diese Punkte nicht tolerieren, dann Gute Nacht und vergessen sie ihre Kinder.

Ich habe bei meinen unzähligen Gerichtsverhandlungen und Jugendamtsbesuchen nicht einmal gehört, dass die Sachbearbeiterin vom Jugendamt oder der Richter meine Ex-Frau gefragt hätte, ob sie nicht ganz richtig im Kopf ist. Nicht einmal wurde sie gefragt, ... Sehr geehrte Frau xxxxx, warum enthalten sie ihr Kind dem Vater vor?"

Selbst bei Gericht fragte ich einmal selbst, warum meine Ex das tut. Ihre Antwort schockierte mich: "Ich enthalte dir deine Tochter nicht vor", war ihre Antwort. Aber was ist das denn, wenn ich meine eigene Tochter in zwölf Monaten keine fünfzehn Minuten gesehen habe und ich ihr noch nie etwas Böses getan habe?

Es ist die **widerwärtigste Sache der Welt**, was hier Väter erleben, nur weil die Dame keinen Bock hat, die Kinder rauszugeben. Sie sehen sie an wie Spielsachen, die ihnen alleine gehören und da darf nur der ran, den sie für gut erachten. Das sind meist ihre eigenen Mütter und die Schwestern, aber nach der Scheidung nicht mehr der eigene Papa. Ich verglich es immer mit einer Glaskuppel, die von der Mutter über das Kind übergestülpt und von außen betrachtet wurde. Erst wenn das Kind selbst sein "Hirn" einschaltet und nicht mehr von der lieben Mama manipuliert wird, haben Väter die Chance, dass die Kinder von selbst kommen. Leider hat dann der Papa vom Kind und der Jugendzeit nichts gehabt und kann sich dann im pubertären Alter mit seinem Sprössling rumärgern. Als reiner Selbstschutz ist es meineserachtens legitim, wenn Väter ihre Kinder verneinen, sollten die erst mit 14 Jahren oder später bei ihnen auf der Matte stehen. Denn wer sich über Jahre hinweg malträtiert und nicht versteht, warum er seinen kleinen Liebling nicht sehen darf, stirbt laut Statistik um sieben Jahre früher. Psychische Auffälligkeiten können sie eventuell auch bei der Schwiegermutter feststellen, wenn die Anti-Depresiva einnimmt. Ihre Ex-Frau oder die Noch-Frau wird es vermeiden ihnen Auskunft zu erstatten, ob sie depressiv ist, weil ja die Gefahr bestünde, sie könne ihre Kinder dadurch verlieren.

Nach einem Jahr Kindesentfremdung sind ihre Chancen so gering, dass ihr Kind zu ihnen kommt, dass sie es fast vergessen können. Diese Frauen sind so clever und schauen meist so aus, als können sie nicht bis fünf zählen, aber in

Wirklichkeit ist alles Kalkül und wird gnadenlos durchgezogen. Bis sie als Mann in Bewegung kommen, ist der weibliche Schlachtplan schon mehrfach durchgearbeitet. Ich erlebte mindestens 1000 Ausreden warum etwas nicht funktioniert. Z.B. das Treffen beim Kinderschutzbund in xy-Stadt, wo ich einmal in der Woche wie ein Gefangener meine 4-jährige Tochter in einem Spielzimmer sehen durfte. Oft kam der Kontakt nicht zustande, weil das Kind nicht ausgeschlafen war, Alpträume hatte oder es in die Hose gepieselt hat oder weil Kindergarten... bla bla bla war/ist.

Am meisten schmerzt es, wenn sie ihre Kinder nicht mal zu Weihnachten oder beim Geburtstag sehen dürfen. Das haut die stärksten Typen um. Ich kenne Männer, die über 30 Jahre alt waren, über 190 cm groß und über 100 kg schwer und die sind zwei Jahre in psychiatrischer Behandlung gewesen, weil sie es nicht verkrafteten von ihren geliebten Kindern isoliert zu werden. Kindesentfremdung durch die Mutter sehe ich als "Straftatbestand" an und würde Frauen sofort einsperren, wenn sie die Kinder nicht an den Vater rausrücken. Klar doch, wenn der Vater seine Kinder schlägt oder misshandelt, gleich welcher Art, gilt dieses Recht nicht mehr. Aber ansonsten gibt es keinerlei Begründung die Kinder dem Vater zu entfremden. Wenn solche Frauen einmal drei bis sechs Monate hinter Gitter sind, würden sie es sich überlegen, es noch mal zu tun, aber heutzutage brauchen sie keine Angst zu haben, es passiert ihnen nichts. Ja gar nichts! Oder haben sie schon einmal die Polizei gesehen, die eine Mutter von zwei Kindern abführte. Ich noch nicht. Jedoch in dieser Knastzeit könnte dann der Papa auf die Kinder aufpassen und den normalen Umgang aufbauen und pflegen. Mama hat dann viel Zeit über ihr krankhaftes Verhalten nachzudenken. Sollte es die Mutter nach dieser Zeit immer noch nicht geschnallt haben, kommt der Entzug des Sorgerechts und der Papa bekommt die Kinder für immer. Oftmals wenn ich das vorschlage, sagen die meisten: "Ja das kann man doch nicht machen" und ich sage daraufhin: "Aber die Frauen dürfen es schon und was ist mit Gleichberechtigung?" Frauen mit normaler Denkstruktur verurteilen ihresgleichen aufs Übelste, wenn die Kinder dem Papa vorenthalten werden und sie so etwas machen.

Punkt b) Abzocke ist im Kapitel Unterhalt bereits ausführlich beschrieben und zeigt deutlich auf, wie einfach es ist, mit einem Kind vom Papa den Unterhalt abzukassieren und ein schönes Leben zu genießen. Jeder Mann denkt bei der Trauung, ich gehöre nicht zu den 54% der Scheidungsopfer. Mich trifft es nicht! Meist ist es aber ein Trugschluss, der ihr Leben verdammt hart ändern wird. Ich habe sogar unseren Ehevertrag umschreiben lassen, weil die Ex-Frau mir vorgeweint hat und sagte ich vertraue ihr nicht. Heute weiß ich, es war ein schmutziges, abgekartetes Spiel. Generalstabsmäßig vorbereitet und nach einem Jahr Ehe wurde der finale Todesschuss gegeben. Schachmatt Papa!

Wenn sie genügend Geld besitzen, können sie um ihr Kind bei Gericht kämpfen, wenn nicht lassen sie es besser bleiben. Mit der derzeitigen Gesetzeslage haben sie als Mann kaum eine Chance, vor Gericht zu ihrem Recht zu kommen. Das dauert Jahre und kostet ein Vermögen. Mit Vermögen meine ich, 3000 Euro für Klage Umgangsrecht, 5000 Euro für Gutachten und wenn sie die 8000 bis 10'000 Euro nicht aufbringen, haben sie Pech gehabt. Und eigentlich geht's dann meist weiter im Konzert, zum Beispiel beim Oberlandesgericht. Ihre Frau braucht nur lange genug zu blocken. Sie kommt damit durch und Gerichte und Gutachter brauchen viele Monate um die Sache voranzutreiben. In anderen Ländern wird der Umgang nach spätestens sechs Wochen wieder mit dem Vater hergestellt. In Deutschland dauern allein schon die Anträge viel länger. Dornröschenschlaf in Deutschland.

Ratgeber, was sie machen können

Sich mit ihrer Ex-Frau zu einigen ist wohl das effektivste Mittel, um ihren Kindern wieder nahe zu kommen. Denn sie alleine hat es in der Hand und sie bestimmt die Zielrichtung, wie oft sie ihre Kinder sehen dürfen. Gehen sie mit ihr auf Kompromisse ein und bringen diese, wenn nötig auf ein Blatt Papier. Im hinteren Teil des Buches sehen sie eine Beschreibung über eine Umgangsregelung. Eventuell können sie ihre Ex-Frau auch sprichwörtlich kaufen. Sie legen einfach auf die monatlichen Unterhaltszahlungen ein paar Euro drauf, das wirkt Wunder. Oder sie entschuldigen sich mit einem Blumenstrauß, obgleich ich es in meiner Situation nie und nimmer gekonnt hätte. Meine Kränkung über viele Jahre Kindesentzug war dafür viel zu groß. Frauen haben hierbei weit weniger das Problem, ihr Ego zu unterdrücken, aber bei uns Männer wirkt der männliche Stolz dem entgegen. Ein weiterer wichtiger Punkt zur Annäherung an ihre Ex wäre, sie suchen sich einen Freund oder eine Freundin ihres Vertrauens und bitten die, sie sollen mit der Ex sprechen. Bei der Schwiegermutter hätte ich so meine Bedenken, weil die immer zu ihrer Tochter stehen wird, egal was ihre Frau gemacht hat. Die wohl besten Erfahrungen werden sie mit sozialen Einrichtungen haben. Jede Stadt bietet auch im Auftrag der Landratsämter Mediationen und betreuten Umgang an. Hier bekommen sie professionelle Hilfe von Therapeuten und Psychologen. Die Caritas hat sich hier einen guten Namen gemacht und verhandelt mit den Jugendämtern oder auch den Familiengerichten. Gutachten oder dergleichen werden diese Institutionen nicht abgeben, aber sie sind oftmals ihre letzte Hilfe bei Kindesentzug.

Nutzen sie die gängigen Nachschlagewerke und das Internet, um die nötige Hilfe hier zu bekommen. Falls die Isolation von ihren Kindern ihnen selbst an die Substanz geht, müssen sie einen Psychologen für sich aufsuchen. Viele Monate distanziert von ihren Lieblingen kann sie töten und das verstehen nur Väter die es selbst miterlebt haben. Druck auf ihre Ex-Frau auszuüben wird in den meisten Fällen nichts bringen, obgleich es seitens des Rechtes der richtige Schritt wäre. Informieren sie schriftlich und synchron ihren Rechtsanwalt, das Familiengericht und das Jugendamt. Speichern sie dringend ihre Dokumente und legen sie diese in einem Ordner ab. Nur so können sie Monate später belegen, dass das Jugendamt über lange Zeit untätig war oder dass Verhandlungen zu lange gedauert haben. Viele Rechtsanwälte schreiben Romane bei der Umgangsregelung, was sie für ein Mistkerl sind und sie ärgern sich, dass es alles Lüge ist und das sie energisch dagegen vorgehen. Legen sie den Brief vom gegnerischen Anwalt eine Nacht zur Seite und lesen ihn erst am nächsten Tag durch. Dann beantworten sie nur die Fragen, die für die Umgangsregelung notwendig sind. Den ganzen anderen Mist, was sie angeblich machten, interessiert später keinen mehr. Sie müssen selbst draufkommen, dass Gegendarstellungen nichts bringen, außer dass sie ihre Zeit kosten. Glauben sie im Ernst, dass Richter mehr als vier DIN A 4 Seiten zu einem Fall lesen? Einer meiner Buchfreunde sah seine Tochter 17 Jahre nicht mehr, weil die Mutter blockte und es wurden über 1000 Seiten geschrieben und archiviert. Wer soll das bitte lesen und sich dafür die Zeit nehmen?

In vielen Städten gibt es den Kinderschutzbund, den können sie aufsuchen und wenn möglich einen betreuten Umgang einleiten. Das ist zu bestimmten Zeiten, wo ihre Ex-Frau ihr Kind vorbeibringt und sie dann die Möglichkeit haben, mit ihrem Kleinen für ca. zwei Stunden in einem Kinderzimmer spielen zu können. Dort sind Spielsachen für Kinder hinterlegt und die Betreuer verstehen es auch, die ersten Kontakte zur Annäherungen zwischen Kind und Vater herzustellen. Damit das aber funktioniert, muss ihre Frau zustimmen.

Darf ich sie nun kurz mit ein paar statistischen Daten belästigen?

Zu 60% wird ein Umgang nach der Scheidung mit den Kindern durchgeführt und in 40% findet kein Kontakt mehr statt. Das heißt, ein Elternteil sieht sein Kind nicht. Ist der Kindeskontakt mehr als zwei Jahren unterbrochen, wird er das auch bleiben. Zu 37% wird die Umgangsregelung nicht richtig eingehalten, entgegen den rechtlich zustehenden Umgangszeiten und nur zu 16% wird der Umgang regelrecht eingehalten. Zu 23% wird das Umgangsrecht von den Eltern vereinbart und zu über 60% durch ein Urteil oder einem Vergleich. In fast 50% der Fälle, wo es Probleme mit Umgang gibt, sagen die Betroffenen sie fühlen sich von den Gerichten alleine gelassen und sind nicht richtig betreut worden. Noch dramatischer sieht es bei den Jugendämtern aus, denen man zu 73% nachsagt, sie kümmern sich gar nicht oder sehr unzureichend für die Belange der Nicht-Sorgeberechtigten. Da die elterliche Sorge meist durch die Mutter vollzogen wird, ist das ein sehr trauriger Wert. 33% der Kinder die nur einen Kontakt zum Elternteil haben und den anderen nicht mehr sehen, leiden an Entwicklungsstörung. Ob sie das als Vater jemals wieder aufholen, was ihre "Alte" da verbockt hat, kann nur angezweifelt werden. Ca. 7% der Kinder die Kindesentfremdung erleiden, geraten auf die schiefe Bahn und nehmen Drogen. Und das wird wohl das schlimmste Desaster sein, weil sie nur ohnmächtig zusehen können, was da auf der Straße abgeht und ihre Chance ihr Kind zurück-zubekommen ist gleich Null anzusehen in diesem Ent-wicklungsstadium.

Viele Schicksale machen nur allzu deutlich, dass Jugendämter, Richter und Beratungsstellen nur zusehen und die Sache aussitzen wollen. Solange kein wirklicher Druck auf kindes-entfremdende Mütter ausgeübt wird, wird sich hier auch nichts ändern. Wach endlich auf Deutschland!
Quelle web: vafk.de, papa.com/Foren.de, Trennungsfaq.de

Umgangspfleger einschalten

Ein Umgangspfleger kann vom Gericht beauftragt werden, die Regelungen und Festlegung der Umgangskontakte mit den Eltern und Kind zu besprechen. Ihre Umsetzung und Durchführung zu überwachen und zu sichern, nennt sich Umgangspflegschaft. Die Einrichtung einer Umgangs-pflegschaft und die Auswahl einer bestimmten Person als Umgangspfleger kann von den Verfahrensbeteiligten beim Familiengericht angeregt werden. Die Bestellung wie auch eine Entbindung eines bereits eingesetzten Umgangspflegers von seiner Beauftragung muss vom zuständigen Vormund-schaftsgericht angeordnet werden. Eine Umgangspflegschaft kann sinnvoll sein, wenn die Gefahr besteht, dass eine gerichtlich angeordnete Umgangsregelung durch einen oder beide Elternteile nicht eingehalten wird. Denkbar sind auch Fälle in denen ein zuvor bereits gerichtlich angeordneter begleiteter Umgang infolge der fehlenden Bereitschaft eines Elternteils nicht zu einer Verbesserung geführt hat. Umgangspfleger sollten in der Regel sozialpädagogisch, psychologisch und familientherapeutisch qualifizierte Fachkräfte sein. Die Umgangspflegschaft wird in der Regel dann beendet werden können, wenn die Eltern in der Lage sind, Umgangskontakte eigenverantwortlich treffen zu können.

Klage selbst einreichen

Alle Klagen gegen ihre Ex-Frau über das Gericht können sie selbst einleiten und benötigen dazu keinen Anwalt, der sie Geld kostet, ausgenommen den Scheidungsantrag selbst. Jedoch wenn ihre Frau einen Anwalt hat und es kommt zur Gerichtsverhandlung, wird es so sein, dass ihr "Scheidungslatein" nicht das hergibt, was dafür nötig ist. Sicherlich werden sie dann über den Tisch gezogen. Sie selbst sollten entscheiden wie wichtig ihnen die jeweilige Sache ist und wie sie finanziell dastehen. Prüfen sie selbst, wo sie angreifen möchten und es alleine probieren, oder wo sie lieber fachliche Anwaltsunterstützung nutzen. Z.B. können sie die Umgangspflegschaft selbst beim Familiengericht ohne Anwalt einreichen aber die Abänderungsklage zum Ehegattenunterhalt von einem Profi/Anwalt berechnen lassen.

Mediation

Netter Name und der ist in den letzten Jahren ganz schön in "Mode" gekommen. Mediation soll dazu beitragen, wenn sich Mann und Frau nicht mehr riechen können oder gar hassen, was ja meist von den Männern ausgeht, dann soll eben dieser Mediator der Schlichter sein und es wieder zustande bringen, dass beide Ex-Partner miteinander reden und verbindliche Einigungen finden. Mediation gibt es bei der Entfremdung zum Kind oder bei der Einigung über eine bevorstehende Scheidung. Eine Scheidungsfolgevereinbarung über ein Mediationsverfahren einzuleiten halte ich für wenig sinnvoll, weil es Geld kostet. In der Regel wird es ein Anwalt sein, der beide Parteien berät ohne sich auf eine Seite zu binden. Er muss aber beide Seiten gleichwertig beraten. Falls sie augenblicklich mit ihrer Noch-Frau sprechen können, nutzen sie in diesem Buch oder im Internet die Formblätter zur Scheidungsfolgevereinbarung. Falls nicht, machen sie eine Mediation und wenn sie sich dann immer noch nicht einigen können, benötigt eben jeder der Partner einen für sich arbeitenden Rechtsanwalt. Die Mediation zur Umgangs-regelung wird wohl genau so häufig Anwendung finden, wie der begleitende oder betreute Umgang, wo sie mit ihren Kindern in einem Kinderzimmer für einige Stunden spielen dürfen. Die ersten Gespräche können bei sozialen Einrichtungen geführt werden, die sie nichts kosten. Die Sitzverteilung ist so gewählt, dass sie ihrer Ex-Frau nicht in die Augen sehen müssen, sondern den Blickkontakt zum Mediator wenden. Er wird dann versuchen, eine einvernehmliche und beidseitige Lösung für den Umgangskontakt zu finden. Mit fünf bis maximal zehn Sitzungen müsste die Sache im Lot und der Erfolg in greifbare Nähe gerückt sein. Nach dieser Elternmediation wird der erste Kontakt zum Kind aufgebaut und der kann am Spielplatz oder in einer sozialen Einrichtung sein.

PAS

Das Parental Alienation Syndrom (PAS)
Eltern-Kind-Entfremdungssyndrom

Als ich im Dezember 2005 meiner studierten jungen Kinder-
gartenleiterin sagte, meine Ex-Frau habe PAS und entfremdet
mir über Jahre hinweg mein eigenes Kind, da wusste die noch
gar nicht was das eigentlich ist. Und beim Familiengericht und
beim Jugendamt wurde es als Modeerscheinung abgestempelt
und nicht einmal in Erwägung gezogen, die Mutter könne
dieses krankhafte und psychische Verhaltensmuster an den Tag
legen. Die Ausgrenzung eines Elternteils - meistens des Vaters
- ist eine täglich und überall angewandte Praxis, während und
nach Sorgerechtsstreitigkeiten. Zuerst beschrieben hat dieses
Phänomen der amerikanische Kinderpsychiater R. Gardner. Er
nannte es das Parental Alienation Syndrom (PAS). Er ist einer
der wichtigsten und kritischsten Psychologen, der zu diesem
Thema den Mund aufgemacht hat und gegen Frauen mit PAS
vorging. Leider ist er aber mit seinen 85 Jahren nicht mehr so
in Kampfeslust und jeder Mann kann nur hoffen, dass sich
neue Verfasser finden werden. PAS bedeutet die
kompromisslose Zuwendung eines Kindes zu einem - dem
Guten, geliebten - Elternteil und der ebenso kompromisslosen
Abwendung vom anderen, dem "Bösen" und gehassten. Nach
der Trennung funktioniert der Kontakt noch einigermaßen,
doch dann setzen mehr und mehr die Rituale der
Umgangsverweigerung ein. Wenn der Vater kommt, ist das
Kind krank oder gerade auf dem Kindergeburtstag. Oder es ist,
leider, ein wichtiger Familienbesuch eingetroffen. Mit
verführerischen Gegenangeboten konkurriert der betreuende
Elternteil um die Gunst des Kindes und es ist ihm gleichgültig,
wie sich der Vater dabei fühlt. Die nächste Eskalation ist die
räumliche Trennung, der Entzug durch Wegzug. Auch alle

anderen Kontakte wie Telefonate, Briefe und Geschenke werden gekappt. Die alltägliche Begründung lautet immer: Die Kinder wollen den Vater nicht sehen! PAS-Kinder sehen nichts Falsches darin, einen Elternteil hemmungslos abzulehnen. Und das ist der einfache Knackpunkt. Ihr Kind kann nichts dafür! Da ist wirklich nur ihre "Alte" schuld.

Bei PAS auf die Kinder mit Drohung einzuwirken, wäre das Schlechteste was sie als Vater machen können. Sie müssen die Mutter knacken, mit List, Liebe oder Druck, denn sie ist der Schlüssel. Was tut ein Richter, ein Psychologe, wenn Verdacht auf PAS besteht? Idealerweise sollte das Verfahren ausgesetzt und eine Familientherapie angesetzt werden, um zu prüfen ob die Mutter PAS hat oder nicht. Häufig beruft man sich auf den angeblichen Kindeswillen, weil man die Mutter nicht brüskieren will. Dabei gäbe es eine einfache und simple Lösung. Ein gerichtlich angeordneter und durchgesetzter "Umgang" verschafft den Kindern die Sicherheit, die sie brauchen. Dann müssen sie zum abgelehnten Elternteil gehen und verraten den geliebten Elternteil nicht. Kinder haben ein Recht auf beide Eltern. Sie brauchen beide für eine gesunde physische und psychische Entwicklung. Das ist wissenschaftlich längst belegt. Kinder - und auch Kinder mit PAS - lieben beide Eltern und wollen beide Eltern lieben dürfen, sie haben ein Recht darauf. Erinnern Sie sich auch an: „Durch Geld kann man Liebe nicht kaufen." Sie brauchen keine kostspieligen "Vater-Wochenend-Partys" um ihre Kinder wissen zu lassen, dass sie sie lieben. Ihre Zeit und Aufmerksamkeit bedeuten ihnen mehr als eine verschwenderische Darstellung. Daher schränken Sie die Ausgaben auf ein Niveau ein, das Sie sich leicht leisten können.

Die Kinder benötigen keine Therapie, eher schon die Mütter. Das Verhalten normalisiert sich schnell, wenn ein

Kind erfährt, dass es den anderen Elternteil verlässlich und ohne Schuldgefühle besuchen kann und sich an der gemeinsamen Zeit erfreuen darf.

Geschenke

Selbst wenn sie den Kontakt zu ihren Kindern verloren haben, dürfen sie nicht in die Vergessenheit geraten, denn das wäre der größte Triumph für ihre Ex-Frau. Schenken sie daher ihrem Kind einmal im Monat was Schönes. Öfter wird es keinen Sinn machen und nur einmal im Jahr zum Kindergeburtstag sich sehen zu lassen, das ist eindeutig zu wenig. Ich wechselte immer zwischen einem Geschenk in Form eines Paketes und beim nächsten Mal sendete ich einen Brief mit einer Eintrittskarte oder einem Gutschein. Was ich nie machte, war das Versenden von Geld, weil ich nicht sicher sein konnte, ob es meine Kleine überhaupt bekommt oder nicht gleich die Ex einsackt. Ich sendete die Eintrittskarten mit dem Angebot, mit mir zu gehen oder auch mit der Mama, obgleich ich mir dann am liebsten den kleinen Finger abgeschnitten hätte, der Rabenmutter etwas zu schenken. Ein weiterer Vorschlag und auch als Geschenk zu sehen ist die Einladung zu einem Kinderkurs, wie backen oder basteln. Falls es die Möglichkeit gibt, ihr Kind mit einem Freund dorthin zu bewegen, laden sie doch den Freund auch gleich mit ein. Ihr Kind wird sich sicherer fühlen, denn meist ist es ja so, dass ihr eigenes Kind vor ihnen Angst haben wird. Und diese Angst müssen sie ihr oder ihm nehmen. Keine leichte Aufgabe aber mit viel Zeit es ist zu machen.

Tipps für Gutachten

Im Rahmen von Gerichtsverfahren werden häufig psychologische Gutachten in Auftrag gegeben. In vielen Fällen könnte ein vernünftig denkender Mensch auch ohne ein Gutachten eine Entscheidung treffen, doch es werden immer mehr psychologische Gutachten erstellt. Es geht ja um viel Geld, das der Papi zahlen muss. Bei allen Kontakten und Gesprächen mit Gutachtern sollten sie immer auf eine eigene Tonaufnahme (Kopie) bestehen, falls eine in ihrem Beisein aufgenommen wird. Schütten sie niemals das Herz aus und überlegen sie gut was sie sagen. Lange Schriftsätze von ihnen zur Gegendarstellung bringen nichts, sie werden sowieso nicht von den Richter/innen gelesen. Es war ein Fehler und entspricht auch meist nicht väterlicher Überzeugung, das alleinige Sorgerecht zu beantragen, wie das idiotischerweise einige Anwälte machen. Dies verhärtet nur die Fronten. Durch unkontrollierte, gerichtsgefällige, psychologische Sach-verständigengutachten ist die Begutachtung in Familiensachen inzwischen zur Glückssache geworden. Nur wenige Gutachten entsprechen den Richtlinien für die Erstellung psychologischer Gutachten des Berufsverbandes Deutscher Psychologen e.V. Viele Gutachter verfügen nicht über eine entsprechende Ausbildung und sind noch nicht einmal in der Lage, die von ihnen angewendeten Methoden und Tests zu erläutern. Gerichte benennen Gutachter, ohne sich über die Ausbildung der jeweiligen Person hinreichend zu informieren. Ungeachtet der Brauchbarkeit von erstellten Gutachten und der Leistung müssen von den Betroffenen nicht selten Beträge von 5000 Euro und mehr bezahlt werden. Sie stehen oft in einem Abhängigkeitsverhältnis zu dem beauftragenden Richter und sind deshalb keinesfalls unabhängig. Das "Wohl des Kindes" steht jedoch bei allen zukünftigen Entscheidungen ganz klar im Vordergrund.

Sie zieht mit den Kindern einfach weg

Eine der übelsten Machenschaften um den Vater ganz und gar von seinen Kindern zu isolieren ist der Wegzug vom Papa. Das Aufenthaltsbestimmungsrecht (ABR) ist Teil des Sorgerechts. Interessanterweise ist das ABR nicht im Bürgerlichen Gesetzbuch definiert. Es ist häufige Praxis, bei gemeinsamem Sorgerecht das ABR abzutrennen und auf den betreuenden Elternteil zu übertragen. Diese Übertragung erfolgt auf Antrag. Der Elternteil, der das ABR hat, hat somit die alleinige örtliche Verfügungsgewalt über das Kind, auch entgegen dem Willen des anderen Elternteiles. Doch auch selbst das gemeinsame ABR nützt nach heutiger Rechtsprechung nichts, wenn der die Kinder betreuende Elternteil seinen Wohnort verlegt und somit eine größere Entfernung zu den Kindern herstellt. Die Gründe wie Heimweh, Arbeitsplatz, neuer Partner sind vor Gericht immer wichtiger als die Nähe zum Vater. (kann manchmal auch die Mutter sein, ist es aber fast nie)

Fremde Hilfe durch Selbsthilfegruppen

In fast allen größeren Städten gibt es Selbsthilfegruppen für Väter, die sie um Rat fragen können und die geben ihnen sehr nützliche Tipps zur Umgangsregelung. Einer davon wäre, der Antrag beim Familiengericht auf eine verpflichtende Beratung beider Elternteile zur Erlangung einer funktionierenden Umgangsregelung. Diesen Antrag können sie selbst einreichen und benötigen dazu keinen Rechtsanwalt. Wenn der Richter einwilligt, müssen beide Eltern dann bindend zu einem oder mehreren Beratungsgesprächen, meist zu sozialen Einrichtungen. Kommt es zur Verhandlung, nehmen sie doch einfach den Rädelsführer der Selbsthilfegruppe mit, denn die sind in der Regel sprachlich sowie rechtlich gut fundiert in ihrem Sachverstand und geben nicht gleich klein bei, wenn der gegnerische Anwalt große Töne spuckt und sie zur Minna macht. Ihr neuer Mitstreiter wird als Prozessbevollmächtigter bei Gericht eingetragen, weil Familienangelegenheiten nicht öffentlich sind. 80% der Männer fallen im Sorgerechtsverfahren um und überstehen die vielen Monate des Kampfes nicht. Sie lassen es einfach bleiben und kämpfen nicht weiter um ihre Kinder. Ein trauriger Wert, den es zu verbessern gilt.

Über was sie informiert werden müssen

Eigentlich müssen ja Mütter die ihre Sprösslinge alleine aufziehen, den Vater in schulischen, medizinischen und sonstigen erzieherischen Grundangelegenheiten fragen, ob das so o.k. ist. Meist scheren die sich aber einen Dreck darum, was sie von der Sache mit der Schule halten und machen es einfach so wie sie es meinen. Kindergärten werden meist den Papa unbeachtet lassen, wenn's zum Widerstand zwischen den Eltern kommt und fragen dann nur noch die Mutter um Einverständnis. Wenn ihre Ex-Frau hartnäckig genug ist, schickt die ihnen nicht mal ein Bild von ihrem geliebten Kind und lässt sie am langen Arm mit Nichtwissen verhungern. Kein Richter wird ihre Ex-Frau deshalb kritisieren oder sie gar bestrafen. Wenn sie hier was erreichen möchten, müssen sie selbst ans Werk gehen und in Schulen oder Kindergärten fragen, wie es denn ihrem Kind geht, denn die sind ihnen auskunftspflichtig und dürfen sie nicht abweisen. Oftmals der einzige Weg um noch irgend etwas von ihren Kindern zu hören. Mich hat es immer wieder gedemütigt, mit welcher Ignoranz hier den Müttern abermals geholfen wird und den Männern die kalte Schulter gezeigt wird. Wenn hier ersichtlich ist, dass sie um ihre Kinder kämpfen und es könnte Ärger geben, dann möchten die o.g. Einrichtungen eher ihre Ruhe haben und nicht in Konfrontation mit dem Papa gehen. Ähnlich wie bei Jugendämtern, die auch lieber wegschauen oder auf

Zeit bauen. Eine kleine Werbeaktion wie z.B.: "gebt mir mein Kind zurück", morgens früh am Kindergarteneingang könnte da schon Reaktion bewirken. Aber bitte keinen Namen vom Kind aufs Plakat oder auf die Flyer, sonst haben sie eine saftige Klage am Hals. Normalerweise halten die Mädels ja alle zusammen, aber es gibt dennoch Einige die es auf das Übelste kritisieren, wenn der Vater nicht das Recht bekommt und seine eigenen Kinder nicht sehen darf. Mein Tipp: Bleiben sie am Ball und geben nicht auf, auch wenn es ein Kampf um Windmühlen sein wird.

Wir holen uns ne Russin

Bitte verstehen sie das nicht rassistisch, sondern sehen sie einfach eine gewisse Ironie darin, wenn deutsche Männer sagen wir mal: „… die Schnauze voll haben" und ihre geilsten Traumdeutungen auf ausländische Frauen deponieren. Ich selbst hatte nach meiner Trennung eine Lettische Frau, die sechs Jahre jünger war als ich, eine traumhafte Figur hatte und an der ich mich gar nicht mehr satt sehen konnte. Losgegangen ist das ganze Spiel, als ich einen alten Freund traf und wir über die deutschen Frauen herzogen und beide der Meinung waren, die German Ladys warten ohnehin nur auf den Märchenprinzen der viel Geld hat, mindesten 185 cm groß ist, schwarze Haare trägt, sportlich aussieht und seinen neuen Liebling den ganzen Tag auf den Händen trägt. Wir waren auch beide der Meinung, dass deutsche Frauen das nicht so bringen, was sie selbst eigentlich zu bieten hätten. Also zu gut deutsch: „Sie selbst sahen aus wie Miss Marple und wollten aber den Traumprinzen, den sie nie fanden. Das wir beide quasi Fachmänner in dieser Richtung waren, beflügelte unsere Meinung noch zudem. Mein Freund hatte nämlich eine

Partnervermittlung, die sich auf brasilianische Frauen spezialisierte und ich hatte schon sehr viel gut aussehende Freundinnen in Deutschland und auch im Ausland. Er empfahl mir also eine Partnervermittlung in Lettland. Zu dieser Zeit wusste ich noch nicht mal, wo das eigentlich ist, aber mit brasilianischen Frauen konnte ich nichts anfangen, die waren selbst mir zu heiß und zu rassig. Aber Lettland das muss was Tolles haben, denn die sind ja auch zu der EU gekommen und da gab's auch keine Probleme mit Visum usw. Ich kontaktierte also die lettische Partneragentur mit Frau Fischer, die gut Deutsch sprach und mich über die Modalitäten einwieß. Die Vorgehensweise war folgendermaßen: sie sandte mir eine CD mit ca. 500 Frauenbildern drauf, die ich in Ruhe zuhause ansehen konnte. Zeitgleich wurden mir auch immer wöchentlich die neusten Frauenmodelle der baltischen Länder als Bildinformation per E-Mail zugetragen. Ich bekam in der Woche zwei bis drei Frauen vorgestellt und da war oft Eine schöner als die Andere. Nach ca. 7 Monaten intensiver Bewerbung aus Lettland und meinem ungeheuerlichen Drang, endlich mal wieder was Schönes im Bett zu haben, beschloss ich eines Tages: „Die muss es sein!" Sie hieß Jana und war früher Fotomodell, hatte eine Wahnsinnsfigur und 35 Jahre alt. Ich schrieb also der lieben Frau Fischer, dass ich die Jana kennen lernen möchte. Gesagt getan, Urlaub genommen und zwei Wochen später war mein Sondermodell und Traum hier in Deutschland. Vorab sah sie auch Fotos von mir, welche der Jana aus Lettland ebenfalls gefielen. Es sollte sich hier ja nicht um moderne Sklaverei handeln, sondern um eine ehrliche Partnervermittlung zwischen dem Ost- und dem West-Kontinent. Die Vermittlung hätte normalerweise 750 Euro gekostet, aber ich sagte der Frau Fischer ich kaufe doch nicht die Katze im Sack und werde den Rest zahlen, wenn mir die Dame gefällt. Bevor ich dann die Adresse zum Kontakt zur Jana bekam, sendete ich der Frau Fischer 200 Euro um mit meiner Neuen in Kontakt treten zu können. Den Rest über 500 Euro zahlte ich nicht, obgleich ich mit der Jana ein Jahr zusammen war.

Als ich Jana vom Flughafen abholte (natürlich hatte ich den Flug bezahlt, 350 Euro) wurde mein Traum wahr, bildhübsch und einen wahnsinnigen Busen. Und es ist ja meist so, dass wir Männer auf große Busen stehen. Nach unserer Ankunft zeigte ich der Jana mein Haus und die war dann völlig aus dem Häuschen, weil ich alleine ca. 125 qm Wohnfläche hatte und sie mit ihrer Mutter zusammen auf 45 qm in Riga lebte. Ihr erster Spruch in Englisch war: „Wie viele Menschen wohnen hier" und ich sagte ihr: „ja nur ich alleine"
Es dauerte keine drei Tage und der Chef vom Jugendamt Herbert P. aus xy Stadt wusste bereits von meinem Besuch und verkündetet: „Jetzt spinnt der Huber (mein Name geändert) komplett. Der holt sich einfach eine Russin!" Dementsprechend wurde ich auch weiterhin von den Mitarbeitern des Jugendamtes behandelt. „Jetzt kommt der mit der Russin, der hat's aber nötig". Ja ich habe es wirklich nötig gehabt und da stehe ich auch dazu.
Aber ich beschreibe nun die Russin, die eigentlich eine Lettin ist. Die Jana war selbst elf Jahre mit einem Kinderchirurgen verheiratet und ihr erging es andersrum wie mir. Sie durfte in Lettland ihr Kind kaum sehen, weil es in dem Land einfach andere Gesetzte gibt, als bei uns und sie bekam auch keinen Unterhalt für sich. Ihr Kind war allerdings schon 12 Jahre alt und wohnte beim Vater. Sie selbst arbeitete für 350 Euro im Monat in einer Herrenboutique. Leider sprach sie nur gebrochen Englisch und kein Deutsch und das bremste unsere Kommunikation empfindlich. Auf jeden Fall ihr erster Besuch war für meine Empfindung genial und ich hatte schon lange nicht mehr so einen guten Sex gehabt. Sie war eine Woche bei mir und ich musste alles zahlen, weil sie ja kein Geld hatte,

aber der Spaß war es mir zu dieser Zeit wert. Zwei Monate später besuchte ich sie in Riga und da gingen mir richtig die Augen auf, weil ich dachte, ich finde das gleiche vor, wie in Tschechien oder in Polen. Denkste! die waren ganz schön weit vorne in Lettland. Kaufhäuser, riesig groß und täglich 24 Stunden geöffnet, super Bars und Lokale und die Menschen meist gut angezogen und gut gelaunt. Ich war ja wirklich der Meinung, dass die Jana nur zu mir wollte, weil es hier in Lettland nichts zu holen gibt, aber das war keinesfalls so. Selbst als ich sie fragte, ob sie denn zu mir nach Deutschland ziehen möchte, verneinte sie dieses und fragte mich, ob nicht ich nach Lettland kommen wolle und hier arbeiten möchte. Meine komplette innere Anschauung über ausländische Frauen musste ich nun revidieren. Es ist nicht so, als ob hübsche Mädchen nur aus ihrem Land raus wollen! Zumindest nicht in meinem Fall. Warum ich dennoch nicht bei der Jana geblieben war, werden sie mich nun fragen. Die Sexualität hatte vieles verdrängt, wenn aber der Alltag kommt, ist Sprache ein sehr wichtiges Instrument, damit eine Beziehung richtig funktioniert und das war bei uns nicht der Fall. Klar konnten wir im Urlaub über viele Sachen sprechen, aber wenn es ins Detail ging, war es eben aus. Wir trafen uns noch einige Male aber mir wurde immer mehr bewusst, dass es so nicht weiter gehen konnte. Ich lies nach einem Jahr die Zeit für sich spielen und blieb kontaktlos, wie sie ebenfalls. Die Beziehung schlief somit ein. Für mich eine großartige Erfahrung, die zwar einige tausend Euro kostete, aber hätte ich genügend Geld gehabt und die Jana mehr den Willen nach Deutschland zu kommen und unsere Sprache zu lernen, wären wir heute vermutlich ein glückliches Paar. Vor vielen Jahren wurden die Mischehen zu 85% geschieden. Dieses Phänomen änderte sich im Laufe der letzten Jahre und die meisten haben heute mehr Bestand als die Ehen zwischen Deutschen und Deutschen, die mittlerweile bei einer Trennungsrate von 54%

angelangt sind. Wichtig ist hierbei der kulturelle Aspekt, denn Kulturen die aus dem europäischen Raum kommen, werden sich besser verstehen, als wenn Europäer mit Asiaten verheiratet sind.

Die Frau vom Katalog

Nun gut, Katalog muss es ja im Zeitalter vom Internet wirklich nicht mehr sein, aber Partnervermittlungen arbeiten oft mit CDs die ihnen zugesendet werden. Meine Empfehlung ist, nutzen sie gängige Internet-Plattformen wie: www.friendscout24.de oder www.interfriendship.de, weil die seit Jahren seriös arbeiten und eine Menge Erfahrung haben. Dort finden sie auch die Chat-/Info-Rooms, wo sie sehr nützliche Infos herausholen können. Meist kostet der Kontakt zu den Frauen nur 10 Euro und das können sie einfach ausprobieren, ohne dabei gleich ein finanzielles Desaster zu erleben. Ich habe hier eigentlich nur gute Erfahrungen gemacht und die Damen mit denen ich es zu tun hatte, waren alle sehr freundlich. Wenn dann einige Mails hin- und hergewandert sind, sollten sie den Kontakt intensivieren und sie nach Deutschland einladen. Leichter geht das natürlich mit einer Frau, die in der EU lebt, wie zum Beispiel die ganzen Baltischen Länder (Lettland, Estland und Litauen) und die haben „bombige Mädels". Falls es eine Dame von Russland sein soll, kommen sie um das leidige Thema Visum nicht herum.

Aber das soll nicht das große Hindernis sein, wenn der neue Schwarm auf sie zukommt. Checken sie aber unbedingt schwarze Schafe ab, weil es einige Damen gibt, die nur wieder mal auf ihre Kohle (Geld) aus sind. Die versprechen ihnen das Gelbe vom Ei und sagen, dass sie zu ihnen kommen, wenn sie die Tickets in Höhe von 400 Euro gezahlt haben. Kommen wird dann trotzdem Keine! Wie das zu umgehen ist, lesen sie auf den jeweilige Foren der Partnervermittlungen. Ein gewisses Risiko müssen sie wohl oder übel eingehen. Generell haben sie zwei Möglichkeiten, entweder sie fliegen zu ihr ins fremde Land oder sie holen die Dame zu uns rüber. Besser ist, sie fahren gleich selbst ins Ausland und schauen, wie sie so lebt und so können sie gleich den Verwandtenkreis inspizieren. Ich kenne auch Männer, die machen sich dabei eine Art Volkssport draus und holen sich alle 3 Monate eine neue Ausländerin, die sie eigentlich nur für eines benutzen. Sie machen ihr große Versprechung und häufig genug fallen die meist jungen Mädchen drauf rein und erhoffen sich viel mehr als später dabei rauskommt. Wenn die dann wieder zurück in Russland ist, kommt schon die nächste Sexbombe ins gelobte Land.

Jetzt ist sie in Deutschland

Sie haben sich extra eine Woche frei genommen und einen schönen Anzug gekauft, weil sie ja beim ersten Treffen im makellosen Licht erscheinen wollen. Sie sind so „Geil", dass ihnen fast die Hosentür zu sprengen droht und holen sie vom Flughafen ab. Kaufen sie Blumen bei der Ankunft, denn das zeigt immer einen guten Anstand. Bitte bedenken sie aber auch, dass ihre Dame eventuell eine lange Transferzeit auf sich genommen hat und daher etwas gerädert oder müde ist. Es wird daher wenig Sinn machen, wenn sie die neue Flamme gleich vom Flughafen oder der Busstation in eine Oper oder in Ähnliches karren. Fahren sie mit ihr zu sich nach Hause, zeigen ihr die Wohnung oder das Haus und den Ort wo sie schlafen soll. Nehmen sie nicht gleich an, dass sie am ersten Abend mit ihnen ins Bett steigt. Kann doch auch der zweite Tag sein und die erste Nacht verbringt sie im Gästebett. Glücklicherweise sind die ostdeutschen Frauen nicht so verklemmt wie die aus unserem Lande und meist klappt es halt dann schon in der ersten Nacht. Garantie dafür gibt es leider keine. Planen sie vorab ein Programm, was sie mir ihr unternehmen möchten. Das hat den Vorteil, dass sie bestimmen, wo es hingeht und so können auch sie die finanziellen Rahmenbedingungen abstecken. Vermutlich wird die Dame einiges unternehmen, um von ihnen Geschenke und Geld zu erhalten, um bei der Rückkehr nach Hause zu zeigen, dass es sich um einen potenten Deutschen handelt. Denn sie haben es ja in ihrem Land nicht und sind oftmals gezwungen mittels Landflucht dieser Misere zu entrinnen. Seien sie ihr deshalb nicht böse, wenn sie mit ihren Muschelaugen in jedes Juweliergeschäft reinsieht, als wäre es ein neuartiges Patent, was die Welt so noch nie gesehen hat. Nehmen sie sich Zeit und legen nicht alles auf die Goldwaage was gesprochen wird. Kommunikation die richtig funktionieren soll, kann erst klappen, wenn die Dame drei Jahre in Deutschland ist und dementsprechende Sprachkurse belegt hat. Gelungene Kommunikation ist auch das Lesen zwischen den Zeilen, die in diesem Stadium einfach noch nicht realisierbar ist. Ich habe mir einen Sprachcomputer gekauft, den es auch für Russisch gibt. Besonders geholfen hat er mir eigentlich nicht viel und wir verständigten uns einfach auf einem niedrigen Niveau. Probleme kann es geben, wenn das russische Fräulein von ihnen während des Besuches teure Geschenke haben möchte und sie nicht so viel Geld besitzen, wie sie meint. Sie wird immer denken: „Der hat viel Geld, der lebt in Deutschland" und das bringen sie aus dem Kopf nicht raus. Sie könnten ihr doch gleich am Anfang quasi ein Taschengeld geben und ihr erklären, dass sie mit dem Geld haushalten muss. Gerade bei Klamotten und Schmuck wird sie ihnen den letzten Nerv kosten, wenn die Dame oftmals aufzeigt, wie toll die Teile bei ihr aussehen und das sie das gerne haben möchte, aber ihr Geldbeutel es nicht zulässt. Aber diese Erfahrung müssen sie leider selbst machen, da kann ihnen keiner helfen.

Aids

Wie Russlands Präsident Vladimir Putin in einem Live-Fernsehgespräch mit Zuschauern sagte, seien für 2006 über 85 Millionen Euro für die Bekämpfung dieser Krankheit vorgesehen. Das entspreche fast dem 30-fachen der bereitgestellten Summe für das Jahr 2005. Die vorgesehenen Mittel sollten auch für teure Medikamente für alle Bedürftigen ausreichen. Die Krankheit breite sich schnell in Russland aus, eine Immunschwäche-Epidemie gebe es aber noch nicht. Im laufenden Jahr stellte der Staatshaushalt nur 3,7 Millionen Euro für die Behandlung von HIV-Infizierten zur Verfügung. Dem Präsidenten zufolge ist diese Summe auf das Land umgerechnet verschwindend gering. Ich denke, diese Aussage bedarf nicht weiter der Erläuterung und sie wissen selbst, was sie zu tun haben, um nicht einen Schock fürs Leben zu erhalten, nur weil sie zehn Minuten Spaß hatten. Das gilt für viele Länder und soll hier keinesfalls nur auf den Ostblock bezogen werden.

Was kostet den das Ganze

Je nach dem wie clever sie sind. Übers Internet geht der Kontakt schon mal sehr flott und die Kosten sind auf ein Minimum gedrosselt. Für fünf bis zehn Euro bekommen sie bereits Adressen, von den Damen, die gerne einen deutschen Mann hätten. Das wird sich wohl in Zukunft ändern, wenn die erst mal wissen, dass die gute alte BRD gerade beim „Absaufen" ist. Also ist da schon Eile geboten, falls sie vorhaben sich eine Ausländerin/Russin zu holen. Nun benötigen sie ein Visum, das kostet ja nach Land ab 35,00 € je einzuladender Person (bis 14 Tage Aufenthalt und eine Einreise). Dann kommt der Flug mit ca. 250 – 350 Euro dazu und dann ist sie da! Mit dem Bus geht's wesentlich günstiger, macht der Dame auch bestimmt mehr Spaß, zwischen Ziegen und Knoblauchgewürzen zu sitzen, als bei der Lufthansa in erster Klasse. Zudem spart es ihnen auch ihr lieb gewonnenes Geld. Sie hat dann auch mehr Zeit, gleich unsere schöne deutsche Sprache im Fernkurs zu erlernen. Die Fahrt dauert mindestens 16 Stunden und kostet so um die 120 Euro.

Vergleichen sie einmal folgende Webseiten:

http://www.interfriendship.de/
Top Fotos mit bildhübschen Frauen, die auch Männer suchen, die 20 Jahre jünger sind als sie.

Und dann:
Deutsche Partnervermittlungen im Web.

Erkennen sie den Unterschied? In der Regel gehen die deutschen Frauen nicht zum Fotografen und lassen sich auch keine schönen Fotos machen. Nein, die macht der Nachbars-junge mit der billigen Digitalkamera und dementsprechend sehen sie dann aus. Meist ist der Hund oder die Katze noch drauf, was auf uns Männer einen besonderen erotischen „Touch" haben soll. Bei mir zwar überhaupt nicht, aber es soll ja Männer geben, die auf so was stehen. Im Gegensatz zu den russischen Frauen, die lassen sich Profi-Fotos anfertigen die sehr sexy aussehen. Und das macht uns Appetit. Es mag ein ungleicher Wettbewerb sein, aber es reizt uns Männer schon sehr, ausländische Frauen zu haben, ja zu besitzen, weil wir einfach glauben: „Die zicken nicht so rum wie die Deutschen". Dabei gehen die Mischehen zu über 85% in die Brüche. Anderseits denke ich, wenn sie dieses Buch gelesen haben, werden sie zu 80% mit dem Thema Ehe abgeschlossen haben und sie werden nicht mehr heiraten. Wenn sie sich für die ausländische Partnervermittlung entschieden haben, kommen sie meist in einen Mail-Verteiler rein, der sie wöchentlich über „Frischfleisch" informiert und die netten neuen Damenfotos werden auf ihren heimischen Wohnzimmer-PC übertragen. Sie können dann, -wie im Katalog- sich die Schönsten aussuchen und davon träumen, eine bei ihnen zuhause zu haben.

Achtung Russenmafia

Die Russenmafia soll es ja wirklich geben und mir lag folgendes Erlebnis zugrunde, welches ich hier schildere. Geiler Mani (Namen geändert), 45 Jahre alt, 170 cm groß, dicke Wampe und über 115 kg schwer, wollte auch mal wieder richtigen Sex haben und kontaktierte eine Russin namens Oksana. Es kam zu einigen Mails und zum Briefverkehr, bis endlich nach Ausstellung eines Visums die liebe und ca. 20 Jahre jüngere Dame in Bayern angelangt war. Oksanas erster Besuch in Bayern und bei Mani war ein toller Erfolg, sie blieb eine Woche und er zeigte ihr den Himmel auf Erden. Es tat ihm unendlich gut, das zu erleben, wovon er Jahre nur noch per Porno-DVD verwöhnt wurde. Auch der nachfolgende Besuch bei ihr in Russland war ein toller Erfolg und er freute sich auch über die große Familie, die ihn umsorgte wie einen eigenen Sohn. Er war sich sehr schnell mit allen einig und es tat ihm gut, seinen Liebling wieder zu treffen. Innerhalb sechs Monate kam sie dann wieder zu ihm und beide wollten heiraten. Er musste ihr schon Geld geben, damit sie in ihrer Heimat etwas erledigen konnte. Also gab er ihr 2000 Euro und die Dame war weg und zwar für immer. Aber es ging weiter. Die beiden Brüder, mit denen er sich so gut verstanden hatte, besuchten den dicken Mani in seiner Wohnung und sagten, dass die Oksana nicht wieder kommen könne, weil sie ein Kind von ihm erwarte. Mani hätte aber die Ehre der Familie in den Schmutz gezogen und er solle 15000 Euro zahlen, oder sie bringen ihn um. Dass diese Sache zu dieser Zeit mit der Schwangerschaft erstunken und erlogen war, wusste der Mani ja nicht und er hatte furchtbare Angst. Er verzog sich für einige Monate bei seinem Freund, um unterzutauchen, was aber misslang, weil die Russenmafia später wieder da war. Erst als er sich mit der Polizei kurzschloss und er den anderen Verbrechern mindestens 5000 Euro gab, zogen diese ab.

Meist wird ihnen aber das Geld schon im Vorfeld abgezockt und sie sehen die Frau nicht einmal. Falls sie es vorhat, wird sie ein Vertrauensverhältnis aufbauen, ihnen Mails oder Briefe schreiben, Fotos von Verwandten beilegen und über ihre Arbeit reden. Das macht sie auch mit zehn anderen Männern, was mit Computer und Tischkopierer nicht schwer ist und erzählt allen die gleiche Lüge. Dann kommt der Tag X, wo sie Geld für ihr Visum und den Flug braucht. Und das ist der Knackpunkt, weil hier die meisten Männer einfach eine Überweisung tätigen, die sie besser der Wasserwacht geben sollten. Das Geld ist fort und zwar für immer. Es gibt allerdings Fluggesellschaften, die auf Namen reservieren und dort persönlich abzuholen sind. Dorthin wird auch das Geld transferiert. Ganz clevere ausländische Frauen geben vorab noch an, in eine größere Stadt zu fahren, weil es nur dort ein Visum gibt und weiterhin benötigen sie noch einen Berater, der ihnen hilft, den ganzen Papierkram auszufüllen. Die Übernachtung und den Transfer zur großen

Stadt, sollen sie auch noch zahlen. Würde sie hier alles ausreizen, sind sie bestimmt bei 1500 Euro, ohne dass jemals was passiert. Ich möchte mit diesem Beispiel nur aufzeigen, was sich zutragen kann. Ich kenne dennoch viele glückliche Pärchen, sie Ausländerin und er Deutscher, die wunderbar zusammen kamen und eine großartige Familie besitzen. Wenn sie sich nicht sicher sind, wie sie agieren sollen, leisten sie sich eine seriöse Auslands-Partnervermittlung, die auch Deutsch sprechen. Die Vermittlungskosten werden ab 700 Euro betragen. Sie fliegen dann in das jeweilige Land und ihnen werden dann die Frauen vorgestellt, die bereits von der Agentur abgecheckt wurden. Das Abendessen können sie dann jeden Tag mit einer Neuen genießen und die ersten Testergebnisse im fremden Hotel einsammeln. Gute Nacht und viel Spaß dabei!

Geschenke

Sie wissen ja, kleine Geschenke erhalten die Freundschaft. Aber bei ausländischen Frauenliebschaften sollten sie ihren Geldbeutel ein wenig weiter öffnen als bei Deutschen. Meist können die Damen mit Geld nicht so umgehen und wünschen sich beständige Sachwerte, wie Juwelen und teure Markenklamotten, die sie sich selbst nie kaufen oder auch in ihrem Heimatland nicht erhalten würden. Werden sie bloß nicht schwach, wenn ihr neues Herzblatt, sie anlächelt und Schuhe für über 150 Euro haben möchte. Sie muss es lernen, auch in ihrem finanziellen Preisspiegel zu handeln und es wird nur ihr Job sein, ihr das zu vermitteln, falls sie in Deutschland bleiben soll. Klar bekommen die Ladys feuchte Augen wenn ihnen alles geboten wird. Aber sie wird es nicht bemerken, wenn sie als Sponsor seit längerem bereits auf Pump leben. Um ihnen das zu ersparen, müssen sie hart bleiben und nicht zu allem Ja und Amen sagen. Es ist ein Lernprozess für beide, zudem noch die meist mangelhafte Kommunikation der Sprachbarrieren beider Partner dazu kommt. Falls sie zu Besuch ins östliche Land kommen, vergessen sie bloß nicht, an die Mutter und an die restlichen Verwandten zu denken. Sie werden sie mit Arglist begutachten, wenn sie keine Geschenke mitnehmen. Es ist hier einfach so üblich, sich gegenseitig zu beschenken. Traditionelle Werte dürfen sie nie außer Acht lassen. Kleine Geschenke sind hier völlig richtig platziert aber hüten sie sich auch vor der Abzocke, wenn Geld an die lieben Verwanden geschickt werden soll. Leider auch häufig damit verbunden, der gewünschte Versuch, ihre Zahlungen von Arztbesuchen oder das Ermöglichen des Schulbesuches für die kleinen Bambinos zu gestalten. Ob es Wirklichkeit oder Abzocke auf Zeit ist, werden sie selbst herausfinden müssen! Sollte man dann nicht gleich auf eine russische Frau verzichten? Nicht unbedingt! Wo kein Geld im Spiel ist, ist bekanntlich mehr Ehrlichkeit zu erwarten. Es gibt viele Webseiten mit Bekanntschaftsanzeigen, die kostenlos sind, wie z.B.: www.dating.ru, jedoch mit dem kleinen Problem, dass sie Russisch oder Minimum Englisch verstehen müssen. Mittlerweile gibt es aber im Netz schon gute Übersetzungs-programme, wie z.B.: www.translate.ru oder bei www.google.de, auf der Seite Sprachtool. Hier müssen sie einfach den ihnen nicht verständlichen Text einkopieren und den Internet-Übersetzer aktivieren. Für den normalen Sprachumgang macht diese Einrichtung allemal Sinn.

Aus der Sicht eines Russen

Werden Russlands hübsche Frauen in Zukunft quasi aus-gekauft von wohlhabenden Männern der Europäischen Union? Und warum erscheinen die russischen Frauen den deutschen Männern so attraktiv?

"Es geht um die Rettung", sagt Wladimir Kaminer und meint: "Deutsche Männer möchten immer noch Frauen retten und die russischen Frauen lassen das zu". "Es geht um die slawische Schönheit", sagt ein Sprichwort und meint ohne es auszusprechen, dass seine Qualitäten (Vermögen, Aussehen, Bildung, Status, Geld, Alter), die zum Tausch gegen entsprechende Qualitäten der Frau (Aussehen, Alter, Bildung) stehen, dass erstere Qualitäten also in Russland höher bewertet werden, bleibt unbestritten. Und da seine Qualitäten fast immer mehr wert sind, als die von der Frau, springt fast automatisch auch eine Rettung hervor. Und warum sind dann die deutschen Männer für die Russinnen attraktiv? "Es geht doch nur um die deutsche Staatsbürgerschaft", sagt ein Zyniker. Deutsche Männer sind wohlhabend, solide und seriös und stehen mit beiden Beinen im Leben. So schmeicheln ihre Besucher auf unzähligen Vermittlungsagenturen und auf vielen Webseiten und implizieren dabei, dass deutsche Männer wohl die richtige Auswahl sein dürfte, für die schönen und jungen Russinnen. Auch wenn der Altersunterschied zehn Jahre oder mehr beträgt.

Und was sagt eine Russin dazu? Sie schweigt und wird damit zum eigentlichen Unsicherheitsfaktor, der eine Beziehung erst überhaupt zum Abenteuer macht. Alles plakatives Klischee? Aber ein Schuss von Romantik ist fast immer dabei! Ja, die Frauen wollen "weg hier". Aber auch nicht um jeden Preis! Was dann passiert, ist nicht vorauszusagen. Ich kenne glückliche Ehen, mit Männern, die das bekamen, was sie sich wünschten und Frauen, die sich voll entfalten konnten. Ich kenne nervenaufreibende Beziehungen, wo ein Altersunterschied entweder Gefangene aus Frauen machte oder Männer zu eifersüchtigen Trotteln mutieren ließ.

News from USA

Auf folgender Internet-Seite www.dontdatehimgirl.com können betrogene Frauen Männer zur Schau stellen, von denen man besser die Finger lassen sollte. Es sollen Betrüger sein, die ihre Frau oder Freundin mit einer Anderen betrogen haben. Das tut sie dann im Web in aller Ausführlichkeit. Foto, Alter, Wohnort - bei besonders eifrigen Betrogenen gibt's noch einen kleinen Lebenslauf. Samt Vorlieben und bevorzugten Flirt-Taktiken der Herzensbrecher. "Vorsicht!", "Er ist ein Betrüger!" oder "Bleibt weg von ihm!", lauten die noch harmlosen Hinweise, die man zu den verschiedenen Männern lesen kann. Nach nur wenigen Mausklicks kann man den Eindruck bekommen, dass die Männerwelt in erster Linie aus Mistkerlen besteht. Ist das wirklich so? Denn ebenso ist es gut möglich: Dass sich auch sexuelle Unschuldslämmer auf diesen Seiten wieder finden, weil sie von irgendwem aus ganz anderen Gründen gehasst werden, z.B. wegen der von Frauen meist überzogenen Eifersucht. Als Mann suchen sie dann vergeblich eine neue Flamme, wenn ihr persönlicher Steckbrief an einer weltweiten Pinwand steht und sie als Schwerverbrecher deklariert werden. Es gibt eine Statistik, die besagt, dass 60% aller Männer und 45% aller Frauen fremdgehen. Von den Männern trennen sich aber nur 4% für die andere Frau. Trotzdem gehen 90% der Beziehungen nach einem Seitensprung kaputt! Der Mensch ist für die Monogamie leider nicht geschaffen. Sie wird uns lediglich als Moralvorstellung aufgedrückt. Ich frage mich, wann wird wohl dieses unmoralische Ausstellungssystem in Deutschland ebenfalls für weibliches Fremdgehen eingeführt? Es wird sich sicherlich wieder schnell einstellen, wenn Männer ihre Ex-Frauen anzeigen und im Web zu Schau stellen, die über Jahre Unterhaltszahlungen abzocken. Ihr Wortlaut wäre dann: "Vorsicht, die ist nur auf ihr Geld aus!" oder "Vorsicht, die will nur drei Kinder und dann die nächsten 20 Jahre zuhause bleiben". Dieses Medium wäre vermutlich ein nützliches Nachschlagewerk, für die Zukunft der Männer, die ernsthaft vorhaben, bei unserem Rechtssystem noch zu heiraten. Sie könnten vorher schon abchecken, wer die Dame ist und ob sie es ernst mit ihnen meint. Mal sehen was kommen wird. Die Zukunft ließ sich aber noch nie blockieren, sondern die Menschheit musste sich immer auf sie einlassen.

Männerprobleme

Scheidungsväter leiden. Die Trennung oder Scheidung bringt für viele Männer eine Lebenskrise, die sich in gesundheitliche und berufliche Probleme auswirkt. Sozialwissenschaftler haben das seit vielen Jahren erkannt. Zahlreiche Untersuchungen widersprechen dem Klischee vom emotional unabhängigen Mann oder vom Vater, der sich jeder Verantwortung entledigt. Eine Trennung oder Scheidung wird sich nachteilig auf die gesamte Lebenssituation des Betroffenen auswirken. So berichten fast 70 Prozent der befragten Männer von einer erheblichen Beeinträchtigung in ihrem Berufsleben, sowie im Alltagsleben, also eigentlich im besten Alter ihres Lebens mit einem guten Selbstwertgefühl. Viele der Männer sind an ihrer Arbeit nicht mehr interessiert (37 Prozent), andere stürzen sich dagegen vehement ins Berufsleben (33 Prozent). Auch ein Wechsel des Arbeitsplatzes (20 Prozent) oder die Kündigung durch den Arbeitgeber (11 Prozent) werden als häufige Konsequenzen der veränderten privaten Situation genannt. Dabei haben Studien ergeben, dass Väter mit niedrigem Bildungsabschluss zu der Gruppe zählen, die von Kündigung am meisten bedroht ist. Je höher das Bildungsniveau, um so eher sind die Männer in der Lage, nach der Scheidung auftretende Probleme selbst in den Griff zu bekommen, so Professor Gerhard Amendt.

Noch mehr, nämlich 76 Prozent der Männer, geben Auswirkungen auf ihre Gesundheit an, darunter vorübergehende psychische (41 Prozent) und körperliche (12 Prozent) Beschwerden. Es können jedoch auch andauernde seelische (34 Prozent) oder physische Leiden (9 Prozent) auftreten. Dabei hat sich gezeigt, dass ein Zusammenhang zwischen der beruflichen Leistungsfähigkeit (bei Erwerbstätigkeit) und ihrer privaten erlebten psychischen Belastung besteht. Männer, die von ständigen emotionalen Belastungen berichten, neigen zu Desinteresse am Beruf. Solche Vertreter des "starken Geschlechts" hingegen, die von der Scheidung bzw. Trennung vorübergehend seelisch und körperlich beeinträchtigt werden, stürzen sich meistens in die Arbeit. Immer mehr Männer kämpfen darum, dass ihnen nach Trennung oder Scheidung die Vaterschaft nicht abhanden kommt. Was aber dennoch oft der Fall ist.

Wer an dieser Aussage zweifelt, sollte bei seiner nächsten Kur einmal die Männer fragen, warum sie den alle hier zur Behandlung sind. Meist hat der Bandscheibenvorfall oder der Herz-/Schlaganfall eine psychische Vorgeschichte, die dann auf Trennung oder Scheidung zurückführt. Mein Anwalt empfahl mir immer und immer wieder, (ich werde es nie vergessen): „ Herr XY, machen sie sich die schönste Zeit ihres Lebens". Er meinte „abschalten" und sich selbst was Gutes tun, weil es ablenkt vom ewigen Nachdenken. Wut und Zorn wird sich in ihre Schädeldecke einfräsen wie mit einem 100'000 Volt Lasergerät. Verbringen sie einen schönen Tag in der Sauna, im Museum oder besuchen einen alten Freund, den sie schon lange nicht mehr gesehen haben. Es gibt viele tausend Dinge, die sie machen können, ohne dabei viel Geld auszugeben.

Tendenziell erkenne ich drei große Probleme nach Trennung oder Scheidung.

1.) Alkohol/Sucht
2.) extreme Arbeitsleistung
3.) extreme sportliche Aktivität

Wobei Punkt Nummer 3 wohl am besten dazu beiträgt, richtig abzuschalten und sie über kurz oder lang wieder in das reguläre Alltagsleben eingliedert. Hierbei zu meinen, die ganze Geschichte würde in einem Jahr vorüber sein, ist absoluter Trugschluss. Stellen sie sich einmal lieber auf drei Jahre oder länger ein. Denn so lange wird es dauern, bis sie wieder der Alte sind, bzw. einen wirklichen Neuanfang einleiten können.

Alkohol/Sucht

Warum saufen (trinken) so viele Männer nach der Trennung? Im Alkohol liegt der Trugschluss, wir könnten unsere Probleme für immer vergessen, jeden Tag aufs Neue. Die Realität sieht aber ganz anders aus, denn wer heute besoffen mit dem Fahrzeug fährt, riskiert ja den Führerschein und den braucht man für den Job. Alkohol lässt uns zwar im Moment des Rausches vergessen und glücklich sein, aber spätestens wenn seine Wirkung nachlässt, benötigen wir wieder einen Schluck von der Flasche. Diese hinterhältige Droge ist ein Glücksbote, den wir jeden Tag aufs Neue aufsuchen, bis die psychologische Abhängigkeit fest in uns verankert ist. Medizinisch gesehen ist es einfach, wenn wir 3 Monate mit Alkohol aussetzten sind wir clean. Aber die geistige Konfrontation wird in uns bleiben. Sprechen sie mit Menschen, die von Alkohol abhängig waren und wenn sie ehrlich sind, sagen sie, sie seien „trockene Alkoholiker". Viele meiner Freunde haben über Jahre hinweg nach der Scheidung wirklich viel getrunken und erst wieder aufgehört, als sie eine neue Freundin gefunden hatten, die sie wirklich wieder zu lieben gelernt haben. Diese neue Liebe wird es nicht kurz nach einer Scheidung geben, weil der innere Hass zum anderen Geschlecht zu tief sitzt. Erst wenn sich das nach der Zeit löst, haben Männer die Chance auf eine neue und reale Liebesbeziehung. Die Frauen, die uns nach der Trennung bekommen und erdulden müssen, sind eigentlich die Leidtragenden. Denn Liebe kann es noch nicht sein, eher die Bettgeschichte nach einer langen Sexenthaltsamkeit von der Ex-Frau wegen der vielen Streitigkeiten. Sie benutzen leider nur die neue Freundin, die sie besser in ein bis zwei Jahren kennen lernen sollten.

Harte Worte wenn ich sage, reagieren sie sich lieber an einer Prostituierten ab und verschonen sie in den ersten Monaten nach der Trennung die netten Mädels. Aber sie machen ohnehin, das was sie meinen tun zu müssen.

Arbeitgeber

Der Arbeitgeber/Chef wird es einige Zeit verstehen, wenn sie ihm sagen, dass sie in Scheidung leben aber spätestens nach einem halben Jahr oder beim dritten Verschlafen geht der Ärger los. Denn ihr Chef hat die Verantwortung eine Firma mit Personal zu führen und das geht nicht mit missgelaunten oder gar angetrunkenen Mitarbeitern. Was wird er denn machen? Vermutlich wird er mit ihnen sprechen und sie zur Vernunft zwingen zu wollen. Sie nicken mit dem Kopf und versprechen ihm, das wird nie wieder vorkommen. Spätestens beim nächsten anwaltlichen Schreiben oder Frust mit ihrer Ex-Frau, kommen sie wieder in Wallung und Frust und die seelischen Sorgen sind wieder da. Ihr Chef sieht sich das ein wenig an, mahnt sie ab und kündigt ihnen dann. Den Rest können sie sich selbst ausmalen. Keinen Job, kein Geld, - kein Geld, keine

Wohnung, sozialer Tiefschlag mit klassischem k.o. Sie werden dann so tief fallen, dass selbst die Umgangskontakte mit ihrem Kind oder ihren Kindern aufgrund der finanziellen prekären Situation erheblich in Mitleidenschaft gezogen werden. Man sagt nicht umsonst: Ohne Moos nix los! Wie wollen sie ihren Kindern etwas bieten oder mit ihnen in Urlaub fahren, wenn kein Geld mehr da ist?

Ich empfehle ihnen dringend, sprechen sie persönlich unter vier Augen mit ihrem Chef und wenn nötig, zeigen sie ihm einen zeitlichen Ablauf wie der Fortgang mit Scheidung, Wohnungswechsel usw. stattfindet. Machen sie ihn auf die schwierige Situation aufmerksam und sprechen mit ihm quasi von Mann zu Mann. In einem Vorschlag könnte beinhaltet sein, dass sie in Teilzeit gehen und weniger arbeiten, sich längere Zeit beurlauben lassen oder eine Versetzung anstreben. Klar wird das schwierig sein, wenn sie das Geld für Scheidung und Unterhaltszahlungen benötigen. Wichtig erscheint mir aber immer, alles genau zu überprüfen und nach Möglichkeiten zu suchen, die im Interesse der Firma und ihrer Persönlichkeit liegen.

Nur die offene Aussprache auf ein Problem, kann auch ein Problem lösen. Viele Männer sind stark verunsichert und meiden den Kontakt zu ihrem Chef und meinen, der wird schon nichts merken, aber das ist ein absoluter Trugschluss.

Wohnung/Miete

In einigen Städten gibt so genannte Väter-Boarding-Häuser, die Väter nach einer Scheidung für max. drei Monate aufnehmen. Diese Häuser gleichen einer Frühstückspension, jedoch mit seinesgleichen und psychologischem Beistand. Von Trennung und Scheidung betroffene Väter können auf diese Weise den Streit in der Familie vermeiden und sich um eine Mediation zum Wohle der Kinder bemühen. Sie können offene Gespräche mit anderen Betroffenen führen. Man hört ihnen zu, wenn sie ihre Probleme schildern, da man sich hier solidarisch verhält. Weiterführende Maßnahmen werden den Hilfesuchenden aufgezeigt. Männer/Väter, die ihre Familie verlassen müssen, können durch diese "Gemeinschaft auf Zeit" vorübergehend aufgefangen werden.

Benutzen sie das Internet und recherchieren, wo es denn solche Einrichtungen gibt. Sie haben bestimmt noch die Möglichkeit, im Falle eines Auszugs sich für kurze Zeit bei Mutter oder Freunden einzuquartieren, aber das ist bestimmt nicht jedermanns Sache.

Will sich ein Ehepartner von dem Anderen trennen und können die beiden sich nicht einigen, wer die gemeinsame Wohnung behalten darf, kann man das Familiengericht anrufen und um "Wohnungszuweisung" bitten. Das Gericht weist einem Partner die Wohnung zu, wenn eine andere Lösung für den Antrag stellenden Ehepartner unzumutbar wäre (eine unbillige Härte). Das ist zum Beispiel dann der Fall, wenn eine Ehefrau von ihrem Mann geschlagen wird und mit den Kindern keine andere Zuflucht hat, während der Ehemann bei seinen Eltern oder Freunden Unterschlupf finden kann. Auch unabhängig von Härtegründen kann das Gericht mit der Scheidung über die abschließende Zuweisung der Wohnung entscheiden und dann auch das Mietverhältnis neu gestalten. Diese Regeln gelten entsprechend für eingetragene (gleichgeschlechtliche) Lebenspartnerschaften.

Derjenige, dem die Wohnung durch gerichtlichen Beschluss zugewiesen wird, muss selbst den Gerichtsvollzieher beauftragen, den anderen Partner im Wege der Zwangsvollstreckung aus der Wohnung zu setzen - falls der nicht von alleine dem Beschluss Folge leistet. Bei einer Wohnungszuweisung nach dem Gewaltschutzgesetz kann das Gericht auch anordnen, dass die Wohnung sofort zwangsgeräumt wird, ohne dass der Wohungszuweisungsbeschluss vorher zugestellt wird.

Wohnungszuweisung bei Gewalttätigkeit eines Ehegatten

Eine Ehefrau, die von ihrem Ehemann tätlich angegriffen worden ist, kann in der Trennungszeit die alleinige Nutzung der Ehewohnung für sich und ihr Kind / ihre Kinder verlangen. Die Überlassung der Wohnung muss so lange dauern, wie die Ehefrau benötigt, um sich eine andere, angemessene Wohnung zu suchen. Das gilt selbst dann, wenn die Wohnung Eigentum des Ehemannes ist.

Ehewohnung bei Getrenntleben

Leben die Ehegatten voneinander getrennt oder will einer von ihnen getrennt leben, so kann ein Ehegatte verlangen, dass ihm der andere die Ehewohnung oder einen Teil zur alleinigen Benutzung überlässt, soweit dies auch unter Berücksichtigung des anderen Ehegatten notwendig ist, um eine unbillige Härte zu vermeiden. Eine unbillige Härte kann auch dann gegeben sein, wenn das Wohl des Kindes gefährdet ist. Steht einem Ehegatten allein oder gemeinsam mit einem Dritten das Eigentum, das Erbbaurecht oder der Nießbrauch an dem Grundstück zu, auf dem sich die Ehewohnung befindet, so ist dies besonders zu berücksichtigen; entsprechendes gilt für das Wohnungseigentum, das Dauerwohnrecht und das dingliche Wohnrecht.

Hat der Ehegatte, gegen den sich der Antrag richtet, den anderen Ehegatten widerrechtlich und vorsätzlich am Körper, der Gesundheit oder der Freiheit verletzt, oder mit einer solchen Verletzung oder der Verletzung des Lebens widerrechtlich gedroht, ist in der Regel die gesamte Wohnung zur alleinigen Benutzung zu überlassen. Der Anspruch auf Wohnungsüberlassung ist nur dann ausgeschlossen, wenn keine weiteren Verletzungen und widerrechtlichen Drohungen zu befürchten sind, es sei denn, dass dem verletzten Ehegatten das weitere Zusammenleben mit dem Anderen wegen der Schwere der Tat nicht zuzumuten ist.

Wurde einem Ehegatten die Ehewohnung ganz oder zum Teil überlassen, so hat der Andere alles zu unterlassen, was geeignet ist, die Ausübung dieses Nutzungsrechts zu erschweren oder zu vereiteln. Er kann von dem nutzungsberechtigten Ehegatten eine Vergütung für die Nutzung verlangen, soweit dies der Rechtmäßigkeit entspricht.

Ist nach der Trennung der Ehegatte aus der Ehewohnung ausgezogen und hat er binnen sechs Monaten nach seinem Auszug eine ernstliche Rückkehrabsicht nicht bekundet, so wird unwiderleglich vermutet, dass er dem in der Ehewohnung verbliebenen Ehegatten das alleinige Nutzungsrecht überlassen hat.

Ein ganz übler Trick ist es, wenn sie mit ihren Kumpels in der Kneipe waren und bei der Heimkehr in ihre Wohnung möchten. Die Ex macht nicht auf, und sie sind wütend und zwar so wütend, dass sie sich mir roher Gewalt Eintritt verschaffen. Das bemerkt die Ex und schlägt sich selbst den Kopf gegen die Wand. Sie ruft telefonisch die 110 und die Herren in Grün (Polizei) kommen. Wem werden sie nun glauben? Ich denke, sie sind dann schneller im Knast als in ihrer eigenen Wohnung. Also hier Vorsicht!

Wie sie dem Gesetzestext entnehmen können, ist dieser Part, wie Hausrataufteilung, Wohnrecht usw. nichts mehr für Internet-Profilierer. Gönnen sie sich einen guten Anwalt und schmeißen sie ihre Alte raus, falls sie es schaffen. Versuchen sie immer in der Wohnung oder im Haus zu bleiben. Helfen sie ihrer Ex-Frau/Freundin beim Auszug, mieten sie ihr einen Umzugslastwagen, aber machen sie bitte alles, damit sie auszieht. Es sei denn ihr Kind / ihre Kinder müssten wirklich unter der Brücke schlafen, was ja in Deutschland gar nicht möglich wäre oder sie haben kein Interesse am Haus oder der gemeinsamen Wohnung. Aus Liebe zu ihren Kindern werden sie vieles machen, was sie später vehement bereuen.

Ich zitiere einen Fall, da wollte eine Noch-Ehefrau einen hauptberuflichen Feuerwehrmann mit 20'000 Euro auszahlen, falls der Mann vom gemeinsam erbauten Haus für immer auszieht und die Kinder und die Frau für immer darin wohnen lässt und mit dieser Einmalzahlung auch das gesamte Vermögen überträgt. Zur Erläuterung, das Anwesen hatte einen Wert von 600'000 Euro und sie wollte ihn mit 20'000 Euro abservieren. Ich empfahl ihm sofort den Gang zum Anwalt und auf eine Ausarbeitung zu einer vernünftigen Zugewinnberechnung, die beiden gerecht werde. Clever von der Frau war das Ganze vor Monaten eingefädelt. Sie ging bereits zum Anwalt, ließ sich eine Scheidungsfolgevereinbarung ausarbeiten, die dann von einem Notar rechtskräftig und unterschriftsreif dem Mann übergeben wurde. Dieser Vertrag ist in meinen Augen sittenwidrig und wurde letztlich nicht vom Mann unterzeichnet. Sie sagten ihm natürlich, es sei nur für die beiden Kinder als Absicherung gedacht. In Wirklichkeit ist es viel vernünftiger, so weh es auch tut, das Anwesen zu verkaufen und den erzielten Gewinn zu halbieren. Jeder kann sich dann eine Eigentumswohnung kaufen und hat schon mal ein Dach über dem Kopf. Bei diesem Beispiel sehen sie, wie hinterhältig die Damen sein können, wenn es um ihren Profit geht. Also höchste Vorsicht, und bitte keine Blendung wenn es angeblich nur um die lieben kleinen Kinder geht.

Neue Freundin/alte Kumpels

Sie werden nach Bekanntgabe der Trennung von ihrer Liebsten beginnen, wieder das alte Telefonbuch herauszukramen und die Ladys von der Grundschule anrufen und fragen wie es ihnen denn so geht. Sie kontaktieren die ganzen Ex-Freundinnen, mit denen sie einmal was hatten, in der Hoffnung wieder eine neue

Flamme zu ergattern. Aber: Sie wissen doch selbst, „aufgewärmte Sachen bringen nichts!" und dieser Satz stimmt für Beziehungen zu 99%. Sie sind zu tiefst gekränkt worden, weil ihre Ex-Frau ihnen den Laufpass gab und sie nie und nimmer damit gerechnet hätten. Aber jetzt wollen sie Bestätigung, neue Herausforderung und neues Glück. Kein Problem, denkt der Mann von heute. Ein Telefonat, ein Termin und schon flutscht die Sache. In Wirklichkeit werden wohl nur 2% aller Kneipen-Touren ein One-Night-Stand oder vielleicht auch mehr. Wenn ich mich so zurück erinnere, machte ich mich wohl am meisten zum Männer-Trottel, als ich einige meiner Ex-Girls anrief und sie fragte, ob sie mit mir nicht einmal fortgehen möchten. Es brachte nichts, die meisten waren vergeben oder so weit von meinen Interessen weg, dass wir nie zusammen passten. Auch der Eintrag in viele Internet-Single-Plattformen brachte nicht den gewünschten Erfolg. Ich machte zwar viele Begegnungen mit Frauen, aber die Richtige war einfach nicht dabei.

Sie als Mann dürfen keine Frauen suchen, weil die das schmecken, riechen oder sogar sehen. Es muss an ihrer Stirn stehen: „Ich bin geil!" und das wollen die Mädels so nicht. Wir Männer können das leider nicht sehen, nur Frauen. Und wir können es nicht verstecken. Erst wenn der Schriftzug am Schädel weg ist, haben sie eine Chance auf eine Kontaktmöglichkeit. Es war doch schon andauernd so. Immer wenn man gar nicht an eine Gelegenheit denkt, kommt so etwas, an das man gar nicht dachte. Selbst wenn sie noch so tief im Brunnen sitzen, es kommt ein Licht. Auch wenn es nur ein Lichtlein ist, aber es wird kommen. Mehr als überrascht war ich, als ich meine alten Kumpels anrief, um mal wieder auf die Stanz (Anbagger-Tour) zu gehen. Entweder sie hatten keine Zeit mehr für mich oder sie waren verheiratet oder eine Freundin, von der sie nicht loskamen. Manche sogar, waren Alkoholiker und mit denen wollte ich wiederum keine neue

Freundschaft beginnen. Gerade bei Verheirateten, egal ob Frau oder Mann, stellt sich nach einigen Jahren der Ehe eine beidseitige passive Rolle ein, die mit einem Junggesellenleben nicht in Einklang zu bringen ist. Gespräche und Freizeitaktivitäten sind grundlegend anders. Also suchen sie sich doch einfach ein Hobby, das ihnen richtig gut gefällt. Am besten noch ein Hobby, wo es viele Frauen gibt. Tanzen, Reisen, Bildung und Fremdsprachen bei der VHS, die sind auch nicht so teuer. Nutzen sie einfach die Möglichkeiten ihrer Stadt und lassen sie die Finger weg von Fernbeziehungen. Die sind am Anfang echt toll. Wenn sie aber jedes Wochenende viele hundert Kilometer fahren müssen, wird die ganze Geschichte zur Qual und sie lassen es ein Jahr später sowieso. Im Übrigen, wenn sie nicht sicher sind, ob die Neue zu ihnen passt, fragten sie nicht ihren besten Freund sondern ihre Oma. Denn die kennt sie in der Regel sehr gut und hat aufgrund ihres Alters eine sehr gute Menschenkenntnis. Meine Oma sagte zu mir, schon bei der Hochzeit: „Mit der Frau wirst du nicht glücklich werden". Sie hatte Recht, vier Jahre später war ich geschieden und eine Menge Geld los. Danach suchte ich mir eine Lettin (Baltische Länder), weil ich ja auf die deutschen Frauen einen mords Hass hatte. Und meine Oma sagte mir wieder lass es. Sie hatte wieder Recht. Probieren sie es selbst und machen sich ein Urteil darüber. Den Tipp mit der Schwiegermutter finde ich auch sehr gut: „Schauen sie sich die Schwiegermutter in spe an und sie finden ihre Neue in einigen Jahren ebenfalls so vor". Zur Liebe sagt der Playboy folgendes: Um zu Überprüfen, ob sie die neue Frau lieben oder nicht, machen sie den Zahnbürstentest. Ja, Zahnbürstentest. Wenn sie die Frau ihres Herzens wirklich lieben, können sie sich auch mit ihrer Zahnbürste die eigenen Zähne putzen. Denken sie mal darüber nach, ich finde es eine gelungene Beurteilung.

Führerschein weg

Seit ca. 7 Jahren ist unsere deutsche Polizei ganz wild darauf, den Autofahrer an den Kragen zu gehen, falls der Fahrer Alkohol getrunken hat. Ich kenne als freiwilliger Feuerwehrmann noch die Zeit, bei der wir an jedem Wochenende Personen aus Autos geschnitten hatten, weil sie zum großen Teil betrunken waren. Jedoch hat sich die Zeit gravierend geändert. Es ist nicht mehr das Thema Nummer eins, es wird nur ständig thematisiert. Heute gibt es keine 10% der Unfälle mehr wie früher, jedoch der Personalstand der Polizei hat sich in den letzten Jahren mehr als verdoppelt. Natürlich ist es nicht richtig, betrunken Auto zu fahren, aber mit eklatanten Fahrzeugüberprüfungen und Kontrollen zu jeder Tages- und Nachtzeit sind viele ihren Führerschein losgeworden und somit auf die gleiche Stufe mit einem Schwerverbrecher gestellt. Die Polizei vergibt an ihresgleichen Punkte, wenn jemand mit Alkohol erwischt worden ist und diese Punkte dienen sehr nützlich bei der Beförderung. Ist doch klar, dass die jungen Zöglinge möglichst schnell nach oben kommen möchten und viele Scheine abziehen. Sollte dennoch ihr über alles geliebter Schein weg sein, gibt es noch die Möglichkeit, dass sie ihren Wohnsitz in ein anderes EU-Land verlegen und dort ihren Führerschein nachmachen. Polen bietet sich da regelrecht an. Und sie bekommen für 200 Euro im Jahr einen Briefkasten mit Anschrift und für nochmals 650 Euro einen neuen Führerschein. Ist doch eine schnelle und saubere Sache. Weitere Informationen erhalten sie in der Tageszeitung oder im Internet.

Oberverwaltungsgericht Rheinland-Pfalz v. 15.08.05
Pressemeldung vom 24.08.2005 und Pressemitteilung Nr. 42/2005 OVG: Ausländische Fahrerlaubnis wegen Europarecht gültig.

Leitsatz: Demnach seien nach europäischem und deutschem Recht ausländische Führerscheine im Inland grundsätzlich anzuerkennen. Die bisherige deutsche Fahrerlaubnis-verordnung widerspreche in diesem Fall der EU-Führer-scheinrichtlinie, wie der Europäische Gerichtshof sie ausgelegt habe.

Sex und Bluthochdruck

Ich möchte diesen Bereich beschreiben, wie sie dann wieder gesund werden und Spaß am Sex haben. Die Vorsorge (Lifestyle) dabei ist ein elementarer Bestand dazu. Ihnen fehlt der Partner, also kaufen sie sich doch einfach einen Hund, mit dem sie spazierengehen und neue Kontakte knüpfen können. Durch die Bewegung kommt ihr Kreislauf ein wenig in Schwung und sie fühlen sich fitter. Essen sie früh morgens und nehmen sie sich dafür viel Zeit. Männer die morgens Müsli oder Eier essen, leiden zu 40% weniger an Zuckerkrankheit oder setzten auch nicht gleich so an. Haben somit auch eine bessere Figur. Mit Bohnen und einem gegrillten Steak tun sie ihrem Herzen was Gutes. Rindfleisch enthält viel Vitamin B und senkt den Homocysteinspiegel (weiß der Teufel was das ist). Knabbern sie täglich eine Handvoll Nüsse, anstatt fettiger Chips und senken so ihr Infarktrisiko um 30%. Sportliche Aktivitäten sind ohnehin der Renner, wenn es um ihre Gesundheit geht. Dass sie das Rauchen weglassen sollen, wissen sie ohnehin. Täglich eine Aspirintablette oder zwei Glas Rotwein fördern die Blutgerinnung und senken so das Infarktrisiko um 28%. Den Stress abbauen können sie wunderbar, wenn sie ihre neue Geliebte täglich für 10 Minuten in den Arm nehmen und sie streicheln. Falls keine Frau in ihrer Nähe ist (fürs Kuscheln natürlich), kaufen sie sich einen Boxsack und lassen sie an dem die Wut raus. Die großartige medizinische Wirkung der Äpfel ist auch nicht ohne. Man sagt ihnen zu, wenn sie jeden Tag einen essen, werden sie nie mehr krank. Gleiches sagte auch meine Oma und die hat sogar im zweiten Weltkrieg immer einen Nagel rein gesteckt, um Eisen zu sich zu nehmen. Klar zog sie den Nagel beim Essen wieder raus! Sie ist heute 85 Jahre alt und bei guter Verfassung. Stellen sie sich an ihren Arbeitsplatz immer eine volle Wasserflasche und trinken dabei mindestens einen Liter dieser Flüssigkeit, dann macht auch der Alkohol nicht mehr so viel aus, wenn er verdünnt wird. Zudem senken sie das Herzinfarktrisiko um bis zu 60%. Und wie sie wissen, sind Herzinfarkt und Schlaganfall die Killer Nummer eins in unserer Männerwelt. Frauen ziehen schön langsam nach, weil sie auch ihren „Mann" im Beruf stehen müssen. Früher gab es dieses Phänomen nicht. Wussten sie eigentlich, dass 75% der Männer die mit einer jüngeren Frau fremdgehen dabei einen Herztod erleiden. Mit 60 Jahren noch der große Held zu sein und dabei eine 24-Jährige glücklich zu machen, erscheint mir auch nicht realistisch. Seefisch stärkt ihren Herzmuskel und sollte daher zweimal in der Woche auf ihrem Speiseplan stehen. Wussten sie auch, dass Nonnen und Pfarrer gleich alt werden?

Es liegt rein am Stress, der in diesem christlichen Berufszweig nicht vorkommt. Da also Nur-Muttis folglich fast keinen Stress haben, leben sie um ca. 6 Jahre länger als der Arbeits-Papi. Dafür darf aber die Mutti einige Jahre früher in die Rente gehen. Ist doch komisch oder? Aber jetzt ist es gut mit medizinischen Allwettersprüchen, kommen wir wieder zu harter Realität.

Gesundheitswesen

- Männer haben eine fast sieben Jahre geringere Lebenserwartung als Frauen

- Mehr als doppelt so viele Männer wie Frauen begehen Selbstmord

- In gesundheitsgefährdeten Berufen arbeiten fast ausschließlich Männer

- Männer trinken zu viel Alkohol und arbeiten zu viel

- Sie entspannen zu wenig und ernähren sich falsch

- Kindeserziehung ist immer noch Frauensache

Das Sorgerecht

Das Sorgerecht ist eine klassische Herausforderung für die Gleichstellungspolitik. In internationalen Gesetzen, wie der Europäischen Menschenrechtskonvention, längst verankert, verläuft die Umsetzung in Deutschland mehr als schleppend. Mehrfach wurde die Bundesregierung daher auch schon vom Europäischen Gerichtshof zur Umsetzung ermahnt. Besonders schwer tut sich die Politik mit dem Sorgerecht bei unverheirateten Vätern. Als würde erst der Trauschein eine familiäre Beziehung eröffnen, wird vielen Vätern und Kindern dieses Recht verwehrt. Oft wird dabei vergessen, dass es beim Sorgerecht nicht um ein Recht der Eltern geht, sondern um die Grundrechte der Kinder, das von der UN-Kinderechtskonvention verbrieft ist und damit den Rang eines Menschrechtes hat.

Grundgesetz Artikel 3:

1. Alle Menschen sind vor dem Gesetz gleich.

2. Männer und Frauen sind gleichberechtigt. Der Staat fördert die tatsächliche Durchsetzung der Gleichberechtigung von Frauen und Männern und wirkt auf die Beseitigung der bestehenden Nachteile hin.

3. Niemand darf wegen seines Geschlechtes, seiner Abstammung, seiner Rasse, seiner Sprache, seiner Heimat und Herkunft, seines Glaubens, seiner religiösen oder politischen Anschauung benachteiligt oder bevorzugt werden. Niemand darf wegen einer/seiner Behinderung benachteiligt werden.

Es gibt wenige Einrichtungen in unserem Staat, die so wenig vereinbar mit diesem wichtigen Gesetz gegen die Geschlechterdiskriminierung ist, wie z.B. die Wehrpflicht. Nur nach und nach wird die Gleichstellung in diesem Bereich durch die Verfassungsorgane hergestellt - und dieser Prozess wird noch einige Zeit dauern.

Wie mach ich Hexen platt

Israelis sprechen nicht mit ihren Geiselnehmern!
Sie bringen sie um oder schneiden ihnen das Ohr ab.

Bei dem letzten Kapitel dieses Buches hatte ich mir über viele Monate gut überlegt, ob und wie ich es beschreiben soll. Mit dem oben genanten Satz meine ich „Rache" ist das heikelste Thema überhaupt, weil sie einen Kampf führen, den sie kaum gewinnen können. Ich glaube sogar, sie ziehen in einen Kampf, der nur an ihren Nerven zehrt und eigentlich nur sie selbst umbringt. Es ist ein Kampf auf Zeit, eine Kastration für Männer, die um die Höhe der Unterhaltszahlung ringen oder darüber, dass sie nach vielen Jahren ihr Kind sehen dürfen.
Dieser Kampf kostet sie 7 Jahre ihres Lebens, wo sie nur noch die Erde von unten begutachten. Es ist wissenschaftlich erwiesen, dass der schmutzige Scheidungskrieg ihnen

dermaßen die psychologischen Werte beraubt und ihre Innereien zerfrisst, dass sie früher abnippeln als sie glauben und ihre fiese Ex wird darüber auch noch lachen. Sie wird am Grab stehen, in Schwarz natürlich und einen auf traurig mimen und alle anderen Trauergäste werden sagen: „Die arme Witwe, was wird wohl aus ihr und den Kindern werden?"

Vergessen sie den Kampf und leben sie!

Ich habe es tausend Mal gehört, nie geglaubt und dennoch nach vielen Jahren endlich kapiert, dass dieser Kampf nicht lohnt, weil sie ihn nicht gewinnen können. Leider müssen sie als Mann solange warten, bis ihr Kind von selbst kommt oder ihre Ex einen neuen Lover aufschnappt, der sie dann am besten gleich heiratet und sie somit endlich von jeglicher Zahlschuld befreit sind. Leider opfern sie dann auch meist ihr eigenes Kind, weil der Erziehungsberechtigte dann der neue Liebhaber und Papa ist.
Falls sie dennoch in den Krieg ziehen möchten, kommt hier der Schlachtplan für Männer, die ihre Ex-Frauen nur noch abgrundtief hassen.

Was ist Rache?/Darf man das?

Sei friedlich. Sich nicht zu rächen kann auch eine Rache sein. (Danny Kaye)

Möchten sie ihre Peiniger in den Wahnsinn treiben? Verführt dieses Kapitel den nicht zu einem schäbigen Verhalten oder läuft es unter schwarzem Humor? Die Meinung dazu wird sehr differenziert sein und nur sie selbst können den Druck der Rache bestimmen. Nur sie bestimmen den Grad der kriminellen Handlung, der dann auch ihre niederen Instinkte befriedigen wird. Eine Rache darf sich aber nie auf Leib und

Leben besinnen. Diese Ideensammlung war für mich auch das beste Ventil für Rachegelüste gegen meine ehemalige Frau, die mir über viele Jahre meine eigene Tochter vorenthielt und viele hundert Euro jeden Monat Unterhalt kostete, obgleich sie selbst in die Arbeit hätte gehen können. Alleine schon der Gedanke an Rache tut ihrer inneren Seele so gut, dass die Realisation oftmals gar nicht mehr sein muss. Psychologen sind sich einig und bestätigen, dass Rache grundsätzlich negativ zu bewerten ist.

Diese Gelüste dienen nur der Verarbeitung des erlittenen Schmerzes. Dennoch, wer immer nur seine Wut in sich hineinfrisst lebt sehr ungesund. Wird ihre Seele nicht befriedigt wird der Körper erledigt, meist in Form von Bandscheibenvorfall, Magengeschwür oder Herz-/Schlaganfall. Sie können die Genialität des Körpers nicht umgehen, wenn sie noch so clever erscheinen. Ihr Körper holt sich das zurück, was sie ihm geraubt haben. Im schlimmsten Fall wird es Depression oder krankhaftes Suchtverhalten werden. 50% der Männer haben nach der Scheidung ernsthaft an Suizid gedacht, von den Frauen waren es nur 30%. Kultivierte und gut durchdachte Rache befreit, aber der Hass sollte nicht mehr im Vordergrund stehen, weil sie sonst unüberlegt handeln. Und nichts ist schlimmer, als wenn sie dabei auch noch als Täter entlarvt werden. Überlegen sie jeden Rachezug mindestens drei Mal und sondieren sie sehr kritisch, ob nicht dabei ihr Kind zu schaden kommt. Die Kinder können nichts dafür! Auch die Umwelt, Tiere und ihre Mitmenschen haben ihnen partout nichts angetan und gehören somit nicht in ihren Feldzug. Sondieren sie auch die Gesetzeslage und gehen sie mit dieser konform. Brechen sie keine Gesetze, wenn sie ihre Hexe platt machen wollen. Auge um Auge, Zahn um Zahn funktioniert nicht sofort. Ihr Racheplan muss bestens überlegt sein und alle auftretenden Gefahrenquellen durchdacht sein. Spontane unvorbereitete Racheaktionen erzielen nie den gewünschten

Erfolg. Werden sie entlarvt, erscheinen sie zum Gespött ihrer Mitmenschen und die Scham trifft sie doppelt zur Rache.

Die Grundzüge der Rache

Setzen sie sich ein zeitliches Ende und dürsten nicht immer nach mehr. Sie müssen irgendwann wieder die innere Ruhe finden, sonst sind sie erledigt und nicht ihr Gegner.

Halten sie Maß und schlagen sie nicht wie wild um sich. Prüfen sie ihr Umfeld und konzentrieren sie sich nur auf ihren Feind und lassen sie ihm nicht schon vorher merken, dass sich was gegen ihn zusammenbraut. Üben sie Rachetechniken, die sie beherrschen. Wird ihnen die Sache zu heiß, steigen sie sofort aus und beseitigen sie mögliche Beweisgegenstände. Machen sie sich einen geistigen, zeitlichen Schlacht-plan, den wirklich nur sie kennen. Selbst den besten Freund dürfen sie nicht einweihen, es ist ausschließlich ihr persönlicher Kampf und den müsse sie alleine bestreiten. Selbst wenn die Rache erfolgreich war, dürfen sie nicht zu ihrem besten Freund gehen und ihm freudig erzählen, wie sie ihre Ex rund gemacht haben. Anonymität ist einer der wichtigsten Schachzüge für Heimzahlungen und unterlassen sie dumme Drohgebärden, denn ihr Feind weiß, dass sie gegen ihn feuern und hat sich über viele Monate bereits darauf vorbereitet. Der Schuss muss dann kommen, wenn er/sie gar nicht damit rechnet. Von hinten eiskalt und psychisch kaltmachend.

Wenn ihre Rache auf verschiedene und mehrere Elemente schießt, benutzen sie erst die kleinen Waffen und ziehen später die dicke Bazooka raus. Hinterlassen sie keinesfalls Spuren und bleiben sie geduldig. In Hast und Eile passieren immer wieder die größten Fehler. Spontane Aktionen sind tabu. Lernen sie weiter ihr Opfer kennen und sondieren sie ihr Umfeld. Neudeutsch würde ich auch sagen „ausgoogeln". Sie glauben gar nicht, was da alles drin steht in der größten

Suchmaschine der Welt, Google. Oftmals erhalten sie wichtige Informationen, wie den Wohnort des Opfers, seine Freizeitaktionen und vieles mehr. Nutzen sie keine einfache Kommunikation, die meist auf Dauer erhalten bleibt. Ein unbedachte SMS an ihre Ex, kann über Jahre gespeichert sein und bei der Gerichtsverhandlung gegen sie verwendet werden. Überlegen sie sehr genau ob sie elektronische Mittel, wie z.B. Wanzen oder Kameras gegen ihr Opfer einsetzen, weil sie sich dann strafbar machen, wegen Spionage, die mit Geldstrafe oder Freiheitsstrafe bis zu fünf Jahren bedroht ist.

Telefonterror und Stalking

Telefonterror und Stalking sind beharrliche Nachstellungen, unerwünschte Anrufe, E-Mails, SMS, Briefe, schriftliche Botschaften an der Windschutzscheibe o.ä. und mittelbare Kontaktaufnahmen über Dritte. Wer dadurch seine Lebensgestaltung schwerwiegend und unzumutbar beeinträchtigt, wird mit Freiheitsstrafe bis zu drei Jahren oder mit Geldstrafe bestraft. Soll heißen, vergessen sie diesen Mist, streichen sie es aus ihrer Hirnrinde, darauf wartet die Alte nur um sie dann genüsslich anzuzünden. Das geht schneller als sie glauben und sie dürfen sich dann ihrer Ex oder den Kindern keine 700 Meter mehr nähern, wenn die zum Anwalt rennt und eine Klage gegen sie einräumt.

Das liebe Finanzamt

Meist wird die Unterhaltszahlung an die Ex-Frau vom Mann nicht zum üppigen Lebenswandel reichen und sie wird sich eine Putz- oder eine Bedienungsstelle suchen. Da diese meist nicht richtig gegenüber dem Finanzamt angemeldet ist, zeigen sie die Dame doch einfach wegen Steuerhinterziehung und Schwarzarbeit an. Das Finanzamt muss diesem Hinweis nachgehen und ihrer Ex ein paar unangenehme Fragen stellen. Ob dabei was rauskommt, erfahren sie leider nicht, weil Ämter ihnen nicht auskunftspflichtig sind. Zu fünfzig Prozent verdanken Steuerfahnder ihre Ermittlungserfolge diskreten Hinweisen rachsüchtiger Eheleute. Ähnliches könnten sie melden, wenn sie einen Hund besitzt und dafür keine Hundemarke hat und somit keine Steuer zahlt. Seien sie kreativ und sondieren das komplette Umfeld. Ihre Ex hat bestimmt einen Fernseher und einen Radio. Melden sie das der GEZ (Gebühren und Einzugszentrale der öffentlich rechtlichen Sender). Sie hat bestimmt noch nicht dafür bezahlt und dann kommen ganz nette Männer, die sie dazu bewegen im Jahr doch fast 200 Euro zu zahlen.

Hat ihre Ex ein Geschäft, schreiben sie die GEZ zum zweiten Mal an, weil Auto- und Büro-Radio dann gewerblich genutzt werden und sie somit das Empfangsgerät separat anmelden muss. Kostet wieder um die 10 Euro im Monat. Und das Schöne dabei ist, sie brauchen nicht mehr Unterhalt an die Ex-Frau zu zahlen, es geht von ihrer Kasse weg.

Liebe und Sex

Über frühere Sex-Zeiten zu sprechen und den Kumpels ihre Liebestechniken auszuplaudern, ist eine ganz üble Sache und wird wirklich nur von dummen Proleten ausgeführt. Das ist ebenfalls tabu, wie und wann sie ihre Alte gevögelt haben. Das geht keinen was an! Auch bei Rache gibt es ethische Grundsätze, die nicht gebrochen werden, das ist eine davon. Sie tun der Ex wesentlich mehr weh, wenn sie in der ganzen Stadt rumerzählen, wie gut es ihnen nun geht und das sie eine neue Flamme (Freundin) haben, die superhübsch aussieht und zudem noch steinreich ist. Die Kommunikation in einer Stadt so um die 20'000 Bewohner klappt hervorragend, wenn sie ab und an in Kneipe gehen und mit Kumpels darüber reden. In nur drei Tagen wusste der Chef vom Jugendamt, dass ich eine Russin hatte. Stimmte zwar nicht, denn es war eine Lettin aber über die Geschwindigkeit der Übermittlung war ich sehr überrascht.

Dass ich dieses Buch schrieb, wusste die Ex auch innerhalb einer Woche, obgleich ich selbst mit ihr schon seit einem Jahr nicht mehr redete. Notfalls und mit genügend Kleingeld können sie auch Situationen fingieren. Sie buchen sich für 150 Euro eine Hostesse und gehen mit der in die Bar, wo sie wissen da sitzt bestimmt ihre Alte. Das bringt die Mamsell zur Weißglut. Genießen sie es, wie sie leidet und von weiten begutachtet und sich selbst fragt, was die hat und sie nicht. Es gibt mittlerweile sehr viele Internetplattformen, die zum gegenseitigen Kennenlernen einladen. Sie selbst können sich hier eine neue Frau aussuchen oder für ihre Ex-Geliebte ebenfalls einen hässlichen und abgebrühten Mann suchen. Sie melden sich selbst als Frau an, was zu 99% kostenlos ist (Männer müssen auch hier immer zahlen und Frauen nicht) und beantworten die e-Mail Anfragen der Lover. Wenn der Kontakt steht, machen sie ein Date aus und sagen dem Jungen wo er denn hinfahren soll und ihre Alte von zuhause für das Date abholt. Falls der persönliche Kontakt nicht klappt, geben sie ihm einfach die Handynummer der Ex. Das machen sie mit 10 verschiedenen Lovern und vereinbaren jeden Tag einen neuen Termin. Verwenden sie aber dazu bitte eine Anonymus-Software, damit sie keiner rückverfolgen kann. Diese Software kostet nur um die 20 Euro und bewahrt sie davor, dass Polizei und Provider auf sie zukommen. Ihr Rechner sendet eine IP-Adresse beim Surfen im Web mit aus, die eine Rückverfolgung nachweisbar macht. Mit einer Anonymus-Software wird ihre eigene Adresse verschleiert. Oder kaufen sie bei ebay was wirklich Unanständiges und senden es der Ehemaligen zu und bedanken sich für die schöne Zeit, wehe wenn dann die liebe Mutti neben ihr steht.

Ämter und Behörden

Dass sie bei Kindesentzug zum Jugendamt gehen ist klar. Dass die ihnen kaum weiterhelfen ebenso. Doch was können sie machen, um die Sache ein wenig zu beschleunigen? Beschwerden gegen Ämter bringen genau soviel, wie das Einschütten von Knödelwasser in den Starnberger See. Die Amtsträger klopfen sich nicht gegenseitig auf die Füße, nur weil sie verärgert sind und sie ihren Missmut auf eine DIN A 4 Seite bringen. Aber sie sollten dennoch alles unternehmen, was nicht für ihre Ex-Frau spricht und sie bei den Behörden anzeigen. Wenn das Auto nicht richtig angemeldet ist oder die Sommerreifen nicht mehr das nötige Profil aufweisen, ab zur Polizei und Anzeige erstatten. Wenn der Müll nicht richtig getrennt wird, Meldung ans Abfallwirtschaftsamt und wenn die kleinen Sticheleien hier keine Früchte tragen, dann fingieren sie halt die Sache. Alte Batterien oder Altölkanister in den Restmüll kann da Druck auslösen. Hat der Mieter (könnte ihre Ex sein) bereits den ersten Brief vom Landratsamt erhalten und sie wird Wiederholungstäter, können selbst Behörden ganz schön unangenehm werden. Hier wäre auch gleich die Meldefrist beim Einwohnermeldeamt zu beachten, denn ihre Ex-Frau muss nach dem Auszug innerhalb von einer Woche nach Bezug der Wohnung sich bei der Meldebehörde anmelden. Dies gilt auch für den Fahrzeugschein, sowie den Fahrzeugbrief. Dieser ist schließlich die Besitzurkunde für Ihr Fahrzeug oder Ihr Motorrad. Nimmt ihre Ex vielleicht Drogen? Der Besitz, der Handel und die Einfuhr von Betäubungsmitteln ist strafbar. Verstöße gegen das BtMG (Betäubungsmittelgesetz) werden streng geahndet. Lebt ihre Ex womöglich vom Sozialamt und hat sie auch schön alles deklariert? Dieser Frage können sie doch nachgehen und zuviel bekomme Haushaltsgegenstände beim Amt anmelden und den deutschen Steuerzahler dadurch ein wenig entlasten.

Bei der Internet-Recherche bin ich auf einen wirklich harten Racheakt gestoßen, welchen ich euch nicht vorenthalten möchte. Der Autor blieb mir leider unbekannt. **Schwache Nerven sollen es einfach nicht lesen!**

Vor einigen Monaten musste ich mich mit den Diensten einer Junkie-Nutte bedienen. Die Details findet man in diesem Blog. Die Nutte hatte mich Tage später gelinkt - Geld weg, Gras weg und die Nutte natürlich auch. Am Samstag habe ich sie zufällig gesehen. Äußerlich noch recht nett anzusehen, ansonsten aber ziemlich fertig die Braut. Sie weckte Gefühle in mir...Wut...enorme Wut...und ein wenig Mordlust. Ich habe angehalten und sie angesprochen. Sie erkannt mich nicht und so nahmen wir die Verhandlungen auf. Ich wollte wissen, was sie für eine Anal-Nummer verlangt. Sie lehnte ab. Ich hatte bemerkt, dass sie ein wenig zitterig war - Entzug. Also parke ich auf der anderen Straßenseite und warte ab. Nach einer Stunde (und keinem Freier) neuer Versuch: "Anal? O.k., mache ich." Also, erst Anal, dann schön Lutschen. "Auf keinen Fall." Kein Problem, ich warte... Nach einer weiteren Stunde und noch immer keinem Freier ist sie reif. Sie brauchte die Kohle und war bereit. Diesmal kommt sie nämlich zu mir. Ich habe aber keine Lust mehr. Aber eine SM-Nummer, die könnten wir ja durchziehen. Sie ist so fertig, dass sie zustimmt. Sie willigt sogar ein, dass sie mit zu mir kommt. Zugegeben, das war heikel - immerhin hätte sie das Haus erkennen können - hat sie aber nicht. Ich habe die Nutte unter die Dusche gestellt und sie hat sich ordentlich gewaschen. Dann gab es eine Rasur und ein wenig Alkohol. Sie wollte schnell zur Sache kommen um dann mit der Kohle neuen Stoff zu besorgen. Ich habe ihr erklärt, dass ich darauf stehe, sie wie einen Hund an der Leine zu führen, was ich dann auch getan habe. Und danach habe ich sie dann festgebunden, Arme und Beine verschnürt und ihr Sinn und Zweck ihres Aufenthalts bei mir erklärt. Und plötzlich dämmert es bei ihr...sie erinnert sich an mich. Da lag sie nun. Gut verschnürt, nackt. Ich sitze vor ihr und starre sie an...die längsten drei Stunden ihres Lebens. Dann geht alles recht schnell, ich muss schließlich zu einer Verabredung. Ich spritze in ihr Gesicht, löse die Fesseln, drücke ihr 50 EUR in die Hand und werfe sie aus dem Haus...die Kleidung folgte ein paar Minuten später. Eine Hecke bot ihr ausreichend Schutz. Hat mir die Aktion etwas gebracht? Wohl kaum. Sexuell lief nichts (bis auf das, was ich selbst erledigte), SM oder Bondage sind nicht mein Ding. Was aber bleibt ist (hoffentlich) eine Lektion für die Nutte: Verarsch mich nicht! Nachher fahre ich mal an ihrer Ecke vorbei. Langsam. Ganz langsam.

Spionage

Wie bereits erläutert, ist das strafbar und wenn sie es machen. Lassen sie sich bloß nicht erwischen. In und auf den gängigen Internetseiten können sie problemlos Spionageartikel kaufen, um ihre Alte von der Seite zu erkennen, die sie noch gar nicht wahrnahmen. Ganz tolle Dinge, wie der extreme Geräusch-Verstärker inkl. Zieloptik für nur schlappe 650 Euro sind da zu haben. Damit ist es Ihnen möglich, über größere Entfernung Geräusche jeder Art zu hören und auch noch bequem aufzuzeichnen. Sie werden Ihren Ohren nicht trauen wollen, wenn Sie auch auf große Entfernung selbst sonst nicht hörbare Vogelstimmen und Geräusche jeder Art wahrnehmen. Einfach auf die Fensterscheibe der Ex halten und sie bekommen jedes Telefonat mit, ohne selbst dabei in der Wohnung zu sein. Funkwanzen bzw. Funk-Mini-Spione dienen hervorragend zur Funkübertragung auf ein Autoradio oder einen mitgelieferten Empfänger. Dabei werden Handy-Wanzen, insbesondere mit eingebauter Kamera immer beliebter. Funk-Kameras machen das Optisch, was ihnen die Ex nie zeigen wollte, aber dennoch mit dem neuen Lover so praktiziert. Die Gefahr durch

Spionage mit ausländischen Funk-Spionage-Anlagen wird immer größer. Professionelle Kriminelle wissen nur zu gut, dass sehr viele, auf dem Markt befindliche Funk-Spion-Finder nur bis 1 GHz funktionieren. Daher ist es ein Leichtes, selbst Besitzer solcher veralteten Funk-Spion-Finder, im Glauben zu lassen, dass keine Wanzen vorhanden sind. Der Renner, falls ihre Alte eine Bürotippse ist und sie wissen möchten, was die den ganzen Tag so am PC schreibt. Da hätten wir für nur 150 Euro den Miniatur-Tastaturspeicher, für die Tastaturüberwachung. Die Softwareinstallation ist nötig bei ihnen zuhause! Dieser Speicherstift (PC-Wanze) eignet sich für eine Aufzeichnungszeit von einigen Monaten und speichert bis zu 500.000 Zeichen. Mit welchen Zeichen wird die Ex wohl beginnen, wenn sie im Büro sitzt und sich beim Betriebssystem einloggt. Natürlich mit dem Passwort und das brauchen sie, wenn sie in der Abwesenheit den PC durchforsten. Im E-Maileingang stehen bestimmt noch nette Dinge drin und über den Web-Browser listen sie über die History die angesurften Internetseiten auf und meist ist auch noch der Passwortgeber aktiv und gelangen so in den eigentlich passwortgeschützen Bereich. Falls sie sich noch besser auskennen, denken sie auch an Cookies und den Cashspeicher, der das Surfverhalten ebenso wiederspiegelt. Wenn ihnen dieses Spiel gefällt und sie ca. 1500 Euro auf den Ladentisch legen, haben sie ein GPS-Aufzeichnungsgerät mit Bewegungssensor, inkl. kompletter Gesamteuropakarte und sie wissen jederzeit wo ihre Ex-Lebensgefährtin gerade ist.

Der Sender ist so groß wie ein Kugelschreiber. Hat ihre Ex eine eigene Internetseite? Falls ja, dann sollte sie unbedingt der Impressumspflicht für ihre Webseite nachgekommen sein und folgende Daten veröffentlicht haben:

Folgende Angaben müssen im Impressum (Web) gemacht werden:

1. Name und Anschrift des Anbieters

Zunächst ist der komplette Name bzw. die vollständige Firmenbezeichnung inklusive Rechtsformzusatz anzugeben. Weiterhin müssen Strasse, Hausnummer, Postleitzeitzahl und Ort angegeben werden. Die Angabe eines Postfachs genügt nicht. Bei juristischen Personen und Personenvereinigungen ist der Sitz anzugeben.

2. Informationen zur schnellen Kontaktaufnahme

Dies sind Telefonnummer, Faxnummer, und Email-Adresse. Wer verhindern möchte, dass die Email-Adresse von Spam-Robots ausgelesen wird, sollte die Angaben in Form einer JPEG- oder GIF-Datei bereitstellen. Verfügt der Anbieter z.B. über keine Faxnummer, so muss diese natürlich nicht angegeben werden.

3. Angabe des Vertretungsberechtigten

Bei juristischen Personen, Personengesellschaften und sonstigen Personenzusammenschlüssen ist die Angabe des Vertretungsberechtigten erforderlich.

4. Angabe der Aufsichtsbehörde

Bedarf die Tätigkeit des Anbieters der behördlichen Zulassung, so ist die zuständige Aufsichtsbehörde nebst Kontaktdaten aufzuführen.

5. Register und Registernummer

Ist der Anbieter im Handelsregister, Vereinsregister, Partner-schaftsregister oder Genossenschaftsregister eingetragen, so ist das entsprechende Register zu benennen und die Registernummer anzugeben.

6. Umsatzsteuer-Identifikationsnummer

Soweit vorhanden muss auch die Umsatzsteuer-Identifikationsnummer angegeben werden.

7. Zusätzliche Pflichten für besondere Berufsgruppen

Ist der Anbieter ein Angehöriger eines Freien Berufes, bei dem die Berufsausübung geregelt oder die Berufsbezeichnung geschützt ist (z.b. Rechtsanwälte, Steuerberater, Wirtschaftsprüfer, Ärzte, Zahnärzte, Architekten, beratende Ingenieure etc.), so sind zusätzlich die Berufsbezeichnung und der Staat, in dem diese verliehen wurde, anzugeben. Schließlich müssen die berufsrechtlichen Regelungen benannt und im Volltext oder vorzugsweise durch entsprechende Links verfügbar gehalten werden.

Falls die Dame ihrer Impressumspflicht nicht nachgekommen ist, gehen sie zu einen der vielen Abmahnvereine und zeigen sie einfach an. Das kostet sie mindestens 250 Euro.

Noch ein paar kleine Racheakte

Anonyme Briefe mit erfundenen Hinweisen eines „guten Freundes", der von der vermeintlichen Untreue des neuen Partners berichtet. Den Teppich des untreuen Freundes mit Wasser begießen und mit Kressesamen bestreuen, so dass es bald darauf im Wohnzimmer grünt. Bestellen überflüssiger teurer, sperriger oder peinlicher Dinge per Katalog an die Anschrift des Betreffenden (Fernseher, Porzellanservice, Pornoartikel). Die muss sie zwar nicht nehmen, aber das Zurückschicken macht Umstände, kostet Zeit und– im Fall Vibratoren oder Lederwäsche – Überwindung. Profi-Kontaktanzeigen mit der Telefonnummer des Betreffenden veröffentlichen: „Gutgebautes zärtliches Girl verwöhnt sie und ihn. Auch Hausbesuche." Danach muss sie ihr Telefon abmelden.

Freunde und Medien informieren

Wenn sie das ins Auge fassen und die Medien informieren, weiß sie natürlich gleich wo der Wind herkommt. Und es ist daher kaum als eine Art der Rache anzusehen. Eher als Bestätigungsnachweis für ihre Zukunft. Die Medien publizieren eh nur das, an dem sie gerade interessiert sind. Und wegen ihrem kleinen schmutzigen Scheidungskrieg kommen sie noch lange nicht auf die Titelseiten der Boulevard-Blätter. Es sei denn, sie haben bereits einen Namen. Ich wollte dieses Buch zusammen mit Boris Becker als Co-Autor schreiben, denn der hätte jede Menge Erfahrung zu bestimmten Themen. Seine Agentur verneinte aber mein Angebot. Leider kann ich ihnen derzeit nicht mitteilen, was dabei rauskommt, wenn man einen Journalisten privat anschreibt und ihm einfach 200 Euro ins Kuvert reinlegt, mit der Bitte ihren Text zu publizieren. Ich denke er schreibt das rein, was sie möchten. Ich werde es versuchen! Sie können es ebenfalls bei ihrem Provinzblatt versuchen, wenn sie einen negativen Bericht ausstrahlen möchten und somit z.B. dem Jugendamt eins auswischen möchten.

Denn es geht um Aufklärung und die Gleichberechtigung zwischen Mann und Frau und dafür lohnt es sich zu kämpfen. Bei den politischen Instanzen werden sie mit normalem Schriftverkehr kaum etwas erreichen, denn die bekommen täglich so viel Mist auf den Tisch, dass die das gar nicht mehr alles lesen können. Da müssen schon die härteren Geschütze aufgefahren werden, wie es derzeit in Frankreich mit den

Immigranten geschieht. Jedoch ist Gewalt keine Lösung um politischen Druck zu erwirken.

Zeitung

Falls sie ein wenig Wirbel in ihre kleine Stadt bringen möchten, schalten sie doch einfach folgende Anzeigen. Jedoch mit geändertem Text.

Wer hat schon mal Erfahrungen
mit dem **Jugendamt xy**
oder dem **Familiengericht xy** gemacht?
Hinweise bitte an:
Peter Mustermann
Musterstr. 5 • 80000 xy-Stadt
Tel.: 08000 / 000 • Fax: 47 11
e-Mail: info@xy-name.de

Hier kann schon mal der Familienrichter oder der zuständige Jugendamtsleiter ins Grübeln kommen und sich fragen: „Warum macht der das?" Egal, wie er es sieht, es wird immer ein negatives Licht auf die Behörde werfen. Ob sie dann noch Freunde in dieser Amtstube haben, ist eine ganz andere Frage. Jedoch wenn sie über viele Jahre ihr eigenes Kind nicht sehen dürfen, weil die Mutter mit Erfolg blockt, kann ihnen das völlig egal sein. Sie haben bercits alles verloren.

Eine weitere Zeitungswerbung könnte folgendermaßen aussehen.

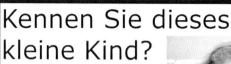

Kennen Sie dieses kleine Kind?

Falls ja, sagen Sie ihr bitte einen schönen Gruß, weil der Vater, der sie liebt, sie bereits seit 2 Jahren nicht sehen darf.

P. Mustermann, xy-Stadt

Aber passen sie hier bloß auf, dass sie die Persönlichkeitsrechte ihrer Kinder nicht verletzen, sonst wird's verdammt teuer. Ihre Ex geht zum Anwalt und verklagt sie. Das kostet mindestens 600 Euro für den gegnerischen Anwalt, plus Unterlassenserklärung über viele tausend Euro, wenn sie nochmals so eine Aktion starten. Der Balken über die Kinderaugen muss unbedingt sein. Sollten sie nicht so ganz wagemutig sein, lassen sie auch ihren eigenen Namen weg und schreiben einfach: „Ein sehr trauriger Vater" o.ä. Solche Anzeigen kosten bei den regionalen Zeitungen unter 200 Euro, je nach Höhe und Breite der Anzeige. Es kann auch sein, dass der Verlag ihre Anzeige nicht publiziert, weil ihm selbst die Sache zu heiß ist. Dann suchen sie einfach den nächsten Zeitungsverlag.

Kindergarten

Der Kindergarten soll ja eigentlich der Bereich sein, wo die Kinder nichts von dem Trubel der Eltern mitbekommen und nur unter Ihresgleichen friedlich spielen. Aber was spricht dagegen, wenn sie sich an den Bürgersteig stellen und ein

Schild um den Hals tragen: Ich habe meine Tochter bereits seit x Monaten nicht mehr gesehen und das schmerzt mich jeden Tag, denn ich liebe meine kleine xxx. Wichtig bei solchen Handlungen ist immer, dass sie von sich sprechen und nicht den Namen der Mutter oder der Tochter/Sohn benutzen. Wenn sie ihre eigene Gefühlslage öffentlich zum Ausdruck bringen, kann ihnen kaum einer was anhaben. Nur alle Mütter vom Kindergarten wissen dann was los ist.

Gutachten

Gegen ein Gutachten vorzugehen bringt gar nichts, es sei denn sie haben einen Freund, der ein renommierter Professor in der gleichen Sparte ist, dann könnten sie ein Gegengutachten starten, welches das Erste in Frage stellt. Ansonsten können sie nur klein beigeben und andere Wege suchen, um dieses Gutachten abzuwenden. Ich ließ es nicht aus, mich dennoch beim Gutachter zu beschweren. Text wie folgt:

Sehr geehrter Herr Dr. Mustermann,

eigentlich habe ich mir nichts anderes erwartet, als den Umgang mit dem Vater weiter auszusetzen. Aber Sie sind ja glücklicher Familienvater und sehen Ihre Kinder täglich. Wie hoch der Leidensdruck für Väter ist, denen die Kinder entfremdet werden, können auch nur Väter beschreiben die in solchen Situation waren. Bluthochdruck, schlaflose Nächte, Wut und Hass, wie Sie mich auch zitierten. Ich stehe zu meiner Aussage, weil ich es nie und nimmer verstehen werde, von meiner eigenen Tochter isoliert zu werden, obgleich ich ihr noch nie etwas Böses getan habe.
Mit der ihnen entsprechenden Hochachtung.

Meist sind die Gutachter in einem Abhängigkeitsverhältnis zwischen einem Richter, der ihnen immer wieder neue Aufträge gibt oder auch der Mutter, die bereits in einer psychiatrischen Behandlung ist oder zu Seelenreinigung kommen wird. Somit passt der Spruch ganz gut:

„Wessen Brot ich esse, dessen Lied ich pfeif!"

Wenn sie dennoch ihren Dampf ablassen wollen, beschweren sie sich bei dem:

Sitz des Verbands:

Berufsverband Deutscher Psychologinnen und Psychologen e.V. (BDP) Glinkastraße 5, 10117 Berlin, Tel. 030 - 20 91 49 0 info@bdp-verband.org

Bezugsadressen

Verzeihen sie mir, dass nicht alle wichtigen und auch sehr nützliche Adressen hier aufgenommen wurden, weil es einfach zu viele sind. Nutzen sie bitte gängige Suchmaschinen im Internet und werden selbst fündig. Die hier aufgelisteten Adressen benutzte ich zur Informationsgewinnung und für viele Beschwerdebriefe.

Politische Instanzen

CDU Deutschlands
Klingelhöferstraße 8
10785 Berlin
Tel.: 030 - 220 70 0

Fax: 030 - 220 70 111
E-Mail: info@cdu.de

SPD Parteivorstand
Willy-Brandt-Haus
Wilhelmstr. 141
10963 Berlin
Tel.: 030 25991 - 300
FAX: 030 25991 - 507
E-Mail: pressestelle@spd.de

Bündnis 90/Die Grünen
11011 Berlin
T: +49 (0) 30 - 227 567 89
F: +49 (0) 30 - 227 565 52
E-Mail: epost@gruene-fraktion.de

FDP Bundespartei
Reinhardtstrasse 14,
D-10117 Berlin,
Telefon 030-288772-0,
Telefax 030-288772-22,
E-Mail redaktion@liberale.de

Die Linkspartei. PDS
Kleine Alexanderstraße 28
10178 Berlin
Telefon: (030) 24 009 413
Telefax: (030) 24 009 598
eMail: redaktion@linkspartei.de

Behörden/Ämter

Für Beschwerden und Petitionen
Deutscher Bundestag
Platz der Republik 1
11011 Berlin
Telefon: 030 - 227 - 0
E-Mail: mail@bundestag.de

Bundesregierung
Dorotheenstr. 84
10117 Berlin
Tel.: 01888 / 272 - 0
E-Mail: InternetPost@bundesregierung.de

Bundesverfassungsgericht
Schloßbezirk 3
76131 Karlsruhe
Tel. 0721/9101-349
Fax: 0721/9101-461

Bundesministeriums für Familie, Senioren, Frauen und Jugend
(alleine der Name sagt schon alles, wo bitte sind die Männer?)
Alexanderplatz 6
10178 Berlin
Telefon: 01 88 8/555 - 0
Telefax: 01 88 8/555 - 41 03

Europäischer Gerichtshof
Requests to visit the European Court of Human Rights may be
made by: European Court of Human Rights Council of Europe
67075 STRASBOURG Cedex
France(0033) (0)388 41 24 32
Fax: (0033) (0)388 41 34 95
Mail: ECHRvisitors@echr.coe.int

Bundesrechtsanwaltskammer
Körperschaft des öffentlichen Rechts
Littenstraße 9
10179 Berlin
Telefon: 030 - 28 49 39 - 0
Telefax: 030 - 28 49 39 - 11
E-Mail: zentrale@brak.de

Internetadressen

http://www.vaeter-kinder-stiftung.de

http://www.isuv.de
Interessenverbandes Unterhalt und Familienrecht ISUV / VDU
e.V.

www.papa.com
mit sehr gutem und umfangreichem Forum, hier finden sie
wertvolle Tipps um Scheidung und Kindesentzug

www.vafk.de
Väteraufbruch, sehr umfangreiche Stoffsammlung

www.orbation.de
Psychologie und Familienrecht

http://www.vatersein.de

http://www.trennungsfaq.de/ - Super Scheidungstipps

http://www.paps.de/

http://www.skifas.de/

http://www.123recht.net
Forum zur Thematik Recht

http://www.grosseltern-initiative.de/
Wir setzen uns dafür ein, die Beziehungen zwischen den Kindern, Eltern und Großeltern auch nach Trennung und Scheidung nicht abbrechen zu lassen.

Verbände/Vereine

Kontakte dpa Deutsche Presse-Agentur GmbH
Mittelweg 38
20148 Hamburg
Postfach 13 02 82
20102 Hamburg
Telefon: +49 40 4113-0
Telefax Redaktion: +49 40 4113-2219
Telefax Geschäftsführung: +49 40 4113-2305
E-Mail: info@hbg.dpa.de

Berufsverband Deutscher Psychologinnen und Psychologen e.V. (BDP)
Glinkastraße 5, 10117 Berlin
Tel. 030 - 20 91 49 0
Mail: info@bdp-verband.org

Checklisten

Scheidungsfolgenvereinbarung

1. Elterliche Sorge/Aufenthaltsbestimmungsrecht

Die Parteien sind sich darüber einig, dass das Sorgerecht für das gemeinsame Kind Max, geboren am xx.xx.2005, beiden Elternteilen gemeinsam verbleiben soll. Die Parteien stimmen darin überein, dass die Kinder ihren gewöhnlichen Aufenthalt bei der Mutter haben.

2. Kindesunterhalt

Der Ehemann verpflichtet sich, für das Kind Max monatlich im voraus bis zum 5. Kalendertag des jeweiligen Monats, Unterhalt in Höhe von 135 Prozent des Regelsatzes der Düsseldorfer Tabelle gemäß der jeweiligen Altersstufe abzüglich des auf das jeweilige Kind entfallenden Kindergeldes an die Kindsmutter zu zahlen. Das Kindergeld soll an die Kindsmutter unmittelbar ausgezahlt werden. Der Ehemann erzielt derzeit ein durchschnittliches monatliches Nettoeinkommen in Höhe von xxxx Euro.

3. Umgangsrecht

Der Vater erhält ein großzügiges Umgangsrecht mit den Kindern. Er holt die Kinder an jedem zweiten Wochenende freitags um 17.00 Uhr ab und bringt sie sonntags um 17.00 Uhr zu der Mutter zurück. Die Parteien verpflichten sich, für Ferienzeiten und Feiertage einvernehmliche Regelungen zu finden.

4. Nachehelicher Ehegattenunterhalt

Der Ehemann verpflichtet sich, an die Ehefrau einen monatlich im Voraus zu zahlenden nachehelichen Ehegattenunterhalt in Höhe von xxx Euro zu zahlen.

5. Zugewinn

Die Parteien heben den gesetzlichen Güterstand der Zugewinngemeinschaft auf. Sie sind sich darüber einig, dass ein Zugewinn während der Ehe nicht erzielt worden ist. Rein vorsorglich verzichten sie gegenseitig auf etwaige bestehende Zugewinnausgleichsansprüche und nehmen diesen Verzicht gegenseitig an.

6. Hausrat und Ehewohnung

Die Parteien haben den Hausrat bereits aufgeteilt. Die im Besitz eines jeden Ehegatten befindlichen Gegenstände sollen in dessen Alleineigentum übergehen. Eine Ausgleichszahlung erfolgt nicht.

7. Versorgungsausgleich

Der Versorgungsausgleich soll gemäß den gesetzlichen Vorschriften durchgeführt werden.

8. Kosten

Die Kosten dieser Vereinbarung und der Ehescheidung tragen beide Parteien je zur Hälfte.

Ort/Datum

Beide Unterschriften

Abänderungsklage Unterhalt

[Absender]   [Datum]

[Amtsgericht]

Abänderungsklage Unterhalt

Hiermit beantrage ich, den Unterhaltsbeschluss des Amtsgerichts [Amtsgerichtsort], Aktenzeichen [Aktenzeichen] vom [Datum des Beschlusses] wie folgt abzuändern:

1. Den Ehegattenunterhalt von [Betrag] EUR für Frau [Name der Ex] auf [Betrag, ggf. Null] EUR herabzusetzen

2. Den Kindesunterhalt von [Betrag] EUR für [Kindernamen mit Name und Geburtsdatum] auf [Betrag] EUR herabzusetzen.

Begründung:
Mein Einkommen hat sich geändert. Wegen einer betriebsbedingten Kündigung beziehe ich seit [Datum] nur noch [Betrag] EUR Arbeitslosengeld pro Monat. Beweis: Bewilligungsbescheid Arbeitslosengeld.

Für das Verfahren beantrage ich Prozesskostenhilfe.

Anlagen:
Kopie Unterhaltsbeschluss [Aktenzeichen des zu ändernden Unterhaltsbeschlusses]
Ausgefüllter Vordruck Prozesskostenhilfe
Kopie Bewilligungsbescheid Arbeitslosengeld

Ort, Datum, Unterschrift

Antrag auf Aufenthaltsbestimmungsrecht

[Adresse Telefon Antragsteller]

[Ort, Datum]

Amtsgericht - Familiengericht -
[Adresse Amtsgericht]

Betreffend die Kinder
[Vorname Nachname, geboren Datum]
[Vorname Nachname, geboren Datum]
beide mit dem Wohnsitz gemeldet bei ihrer Mutter,

[Vorname Nachname, geboren Datum]
[Adresse Telefon Antragsteller Mutter]

beantrage ich:

1. Das Aufenthaltsbestimmungsrecht für [Kindernamen] wird
dem Vater übertragen.
2. Das Umgangsrecht der Kinder mit dem Vater wird in der
bisher praktizierten Form gerichtlich bestätigt und verbindlich
geregelt.
3. Das Gericht soll einen schnellstmöglichen mündlichen
Verhandlungstermin anberaumen, in dem die Eltern und beide
Kinder angehört werden.
4. Als einstweilige Anordnung sofort und ohne vorherige
Anhörung der Parteien: Bis zu diesem gerichtlichen
Verhandlungstermin wird der Mutter unter Androhung eines
Zwangsgeldes aufgegeben, die Kinder in ihrem gewohnten
Umfeld zu belassen und es wird ihr untersagt, [Kindvorname]
und [Kindvorname] aus [Stadt] wegzuführen.
Das Gericht wird dringend gebeten, die Grenzpolizeibehörden

der Bundesrepublik Deutschland zu ersuchen, im Rahmen der Grenzfahndung jede Ausreise der Kinder zu verhindern, sofern die Begleitperson nicht durch einen Gerichtsbeschluss späteren Datums nachweisen kann, dass sie alleinige Inhaberin der elterlichen Sorge oder der Personensorge oder des Aufenthaltsbestimmungsrechts für die Kinder ist und der gerichtliche Beschluss aufgehoben wurde.

5. Den Kindern ist ein Verfahrenspfleger an die Seite zu stellen.

6. In Abhängigkeit von der mündlichen Verhandlung behalte ich mir weitergehende Anträge vor. Ggf. wird die Erstellung eines Sachverständigengutachtens betreffend die Erziehungsfähigkeit der Eltern und den Bedürfnissen der Kinder einzuholen sein.

7. Ich bitte um Bewilligung von Prozesskostenhilfe. Die notwendigen Unterlagen reiche ich kurzfristig nach.

Begründung der Antragspunkte:

Der Antragsteller ist der leibliche Vater der beiden Kinder [Kindvorname] und [Kindvorname], wie den hier beigefügten Urkunden über die Vaterschaftsanerkennung zu entnehmen ist: Anlage 1 für [Kindname], Beurk.–Reg. Nummer: [XXXX, vom Datum, Bezirksamt]
Anlage 2 für [Kindname], Beurk.–Reg. Nummer: [XXXX, vom Datum, Bezirksamt]

Mit der Mutter der beiden Söhne lebte ich seit [Datum] zusammen. Im [Datum] haben wir uns getrennt, bedingt durch eine neue Partnerwahl seitens der Mutter. Aus dieser Partnerschaft ist im Mai 2000 ein gemeinsames Kind hervorgegangen. In den viereinhalb Jahren haben wir die Aufgaben der Kinderbetreuung im Wesentlichen gemeinsam übernommen. Die Mutter war Hausfrau, ich war berufstätig.

Die Kindesmutter zog im [Datum] aus der gemeinsamen Wohnung aus, seitdem haben wir [Umgangsregelung,

möglichst mit Nachweisen]
Seit [Datum] bestehen seitens der Mutter ernsthafte Absichten, dauerhaft nach [Ort] umzuziehen.

[Schilderung Nachteile für die Kinder, Schulwechsel, Freundeskreis, Nachteile für die Wahrnehmung des Umgangsrechts, zitierter Wille der Kinder beide Eltern in der Nähe zu behalten]

Dieses Vorhaben seitens der Mutter ist mit dem Vater nicht abgesprochen. Meinerseits ist es nicht einzusehen, dass die Kinder durch den drohenden Umzug den intensiven Kontakt und die Fürsorge ihres Vaters verlieren und aus ihrem gewohnten Umfeld herausgerissen werden.

Durch diese Umsiedlungspläne besteht eine ernsthafte Kindeswohlgefährdung bzw. ist durch die seit [Datum] erfolgte Ankündigung gegenüber den Kindern bereits eingetreten. Hierauf beruht mein Antrag auf die Übertragung des Aufenthaltsbestimmungsrechts, das ggf. auch auf das Jugendamt übertragen werden könnte. Die Kinder benötigen zur Formulierung ihrer Wünsche und Vorstellungen eines gesonderten Beistandes, daher der Antrag auf Bestellung einer Verfahrenspflegschaft.

Als Reaktion auf meine Antragstellung befürchte ich des Weiteren, dass Frau [Muttername] vielleicht versuchen wird, den Kontakt des Vaters zu unterbinden. Entsprechend beantrage ich, das Umgangsrecht mit beiden Kindern gerichtlich zu regeln. Bisher praktizieren wir folgende Regelung: [Umgangsregelung].

Ich versichere die Richtigkeit meiner Angaben unter Eid.

Mit freundlichen Grüßen

Name Antragsteller, Unterschrift

Antrag auf Regelung des Umgangs

Vorname Name   Ort,:
Strasse   Tel.:
PLZ Ort   Fax:

Amtsgericht XXXXXX
- Familiengericht -
Strasse
PLZ Ort
(evtl. vorab per Fax an: XXXXXX)

Antrag auf Regelung des Umgangs gem.
§ 1684 BGB, § 52 FGG

Antragsteller: Vorname Name
                        Strasse
                        PLZ Ort

Antragsgegnerin: Vorname Name
                        Strasse
                        PLZ Ort

Zur Regelung des Umgangs des Antragstellers mit den/dem gemeinsamen Kind/Kindern der Parteien, Vorname/n Nachname, geb. XX.XX.XXXX, ... , wird beantragt, wie folgt zu beschließen:

1. Zur Ausübung des Umgangsrechts des Antragstellers ist die Antragsgegnerin verpflichtet, das/die Kind/er XXXX, geb. am

XX.XX.XXXX, jedes zweite Wochenende von (z.B. Freitags nach dem Kindergarten bis Montags zum Kindergartenbeginn) an den Antragsteller herauszugeben. (evtl. weitere Modalitäten)

2. Das Umgangsrecht des Antragstellers darf nur aus triftigen Gründen, die zum Wohl der/des Kinder/Kindes angezeigt sind, eingeschränkt werden. Hat demzufolge der Umgang in einem schwerwiegenden Krankheitsfall des/der Kindes/Kinder auszufallen, ist die Antragsgegnerin verpflichtet, den Antragsteller über die Erkrankung und den ausfallenden Umgang rechtzeitig zu informieren, sowie Art und voraussichtliche Dauer der Erkrankung durch ein ärztliches Attest zu belegen. Andere Gründe, die die Antragsgegnerin zu einer Aussetzung des festgelegten Umgangs berechtigen, kommen nicht oder nur mit Einverständnis des Antragstellers in Betracht.

3. Für den Fall jedweder Zuwiderhandlung gegen die Regelungen unter Ziff. 1 und 2. durch die Antragsgegnerin ist der Antragsgegnerin Zwangsgeld gem. § 33 FGG in Höhe von jeweils 1.000,- Euro angedroht. Der Antragsteller hat das Recht, den ausgefallenen Umgang im vollen Umfang nachzuholen und Nachholtermine zu bestimmen.

4. (Bei Alleinsorge der Mutter) Der Antragsteller ist ermächtigt, sich bei Krankheit des/der Kindes/Kinder bei den behandelnden Ärzten Auskünfte einzuholen. Der Antragsteller ist ermächtigt, bei Lehrern/Erziehern des Kindes Auskünfte einzuholen und Gespräche zu führen.

5. Der Antragsteller ist berechtigt, die Antragsgegnerin zu wichtigen Anlässen (Ostern, Weihnachten, Geburtstag d. Kindes/Kinder, Umgangsangelegenheiten entsprechend Ziff. 1 bis 3 sowie Ziff. 7) telefonisch zu kontaktieren. Die

Antragsgegnerin verpflichtet sich, die telefonischen Kontakte in diesen Fällen nicht zu erschweren oder zu unterbinden. Beide Parteien verpflichten sich zum Wohlverhalten gegenüber dem anderen Elternteil und unterlassen alle Handlungen, die den jeweiligen Elternteil vor dem/n Kind/ern herabwürdigen könnten. Für den Fall jedweder Zuwiderhandlung gegen diese Regelungen ist den Parteien Zwangsgeld gem. § 33 FGG in Höhe von jeweils 500,- Euro angedroht.

6. Dem Antragsteller steht in den Schulferienzeiten d. Kindes/Kinder (gem. der Ferienregelung des Landes XXXXX) folgendes Umgangsrecht zu:

In den Weihnachts-, Oster-, und Herbstferien jeweils die erste/zweite Hälfte der Ferienzeit, in den Sommerferien die ersten/letzten drei Wochen. Für den Fall jedweder Zuwiderhandlung gegen diese Regelung ist der Antragsgegnerin Zwangsgeld gem. § 33 FGG in Höhe von jeweils 1.000,- Euro angedroht.

7. Der Antragsteller ist zur Vermeidung einer kindesschädigenden Vater-Kind-Entfremdung außerhalb den Umgangszeiten dazu berechtigt, das/die Kind/er an (z.B. zwei Tagen unter der Woche zu festgelegten Zeiten jeweils Dienstags und Donnerstags um XX.XX Uhr) telefonisch zu kontaktieren und ein Telefongespräch von jeweils maximal einer halben Stunde Dauer mit seinem Kind zu führen. Die Antragsgegnerin verpflichtet sich diese telefonischen Kontakte nicht zu erschweren oder zu unterbinden. Für den Fall jedweder Zuwiderhandlung gegen diese Regelungen ist der Antragsgegnerin Zwangsgeld gem. § 33 FGG in Höhe von jewcils 500,- Euro angedroht.

8. Die Antragsgegnerin stimmt der gemeinsamen elterlichen Sorge der Parteien zu.

Gründe:

Der Antragsteller ist ehelicher/nicht ehelicher Vater der oben benannten gemeinsamen Kinder der Parteien. Seit dem XX.XX.XXXX leben die Parteien räumlich und sozial getrennt/sind die Parteien geschieden (vgl. Scheidungsurteil des AG XXXX vom XX.XX.XXXX, Az XXXXX, Anlage X). Es besteht die gemeinsame Sorge. (Bei unehelich: vgl. beglaubigte Urkunde des Jugendamtes XXX vom XX.XX.XXXX, Anlage X).

In der Vergangenheit hatte die Antragsgegnerin wiederholt das Umgangsrecht des Antragstellers gemäß § 1684 BGB ohne Angabe von triftigen Gründen eigenmächtig vereitelt/erschwert. Zum Schutze der Umgangsrechte des Kindes/der Kinder und des Antragstellers und um nachhaltige Schäden für das Kind/die Kinder durch eine massive Vaterentfremdung zu vermeiden, ist deshalb eine zuverlässige und durchsetzbare Regelung des Umgangs - wie beantragt - erforderlich. Außergerichtliche Einigungsversuche sind gescheitert.

Für eine verlässliche und durchsetzbare Umgangsregelung - wie beantragt - ist die gemeinsame elterliche Sorge erforderlich, damit die Antragsgegnerin das durch ihre Alleinsorge bestehende Machtgefälle zwischen den Eltern durch ihre alleinige Entscheidungsbefugnis nicht mehr länger zu Lasten des/der Kindes/Kinder missbraucht.

Es wird Prozesskostenhilfe für den Antragsteller beantragt, da der Antragsteller nicht in der Lage ist, evtl. Prozesskosten aus eigenen Mitteln zu tragen. Die Angaben zu den persönlichen und wirtschaftlichen Verhältnissen des Antragstellers sind in der erforderlichen Vordruckserklärung gemäß § 119 Abs. 1 Satz 1, § 117 Abs. 4 ZPO diesem Antrag beigefügt.

Unterschrift

Petition

Max Muster   Tel.
Musterstr. 5   Fax:
85000 Musterstadt   Mobil:

An das Abgeordnetenhaus
in Berlin / Petitionsausschuss
Niederkirchnerstr. 5
10111 Berlin

Petition   München, Datum
bzgl. Umgangsregelung und
Unterhaltszahlungen

Sehr geehrte Damen und Herren,

diese Petition beinhaltet zwei Punkte die aus rechtlicher und moralischer Sicht nicht weiter tragbar sind. Ich schildere bewusst mein Schicksal, weil ich weiß, dass es zig-tausend (i.d.R.) Männer genau so geht.

a) Wenn die Frau nicht will, sieht der Mann sein Kind nicht.

Meine Tochter ist nun 4,5 Jahre alt und ich hatte sie in den letzten zwei Jahren keine 4 Stunden alleine gehabt. Meine Ex-

Frau bindet unser Kind dermaßen, dass ich keine Chance habe, an meine Tochter zu kommen. Wir sind geschieden und haben gemeinsames Sorgerecht.
Folgende Instanzen wurden bereits ohne Erfolg durchlaufen:
 > div. Eheberater
 > Jugendamt xxxxxxxxx
 > Kinderschutzbund xxxxxxxxx
 > Familiengericht xxxxxxxxx
 > Caritas xxxxxxxxx
 > Kinderpsychologe in xxxxxxxxx

Meine Frau erkennt selbst nicht, dass der Vater ein Recht auf seine Tochter hat. Die derzeitige behördliche Auffassung ist, auf Zeit zu spielen und der Frau die alleinige Sorge zu lassen. Da kindesentfremdene Mütter ausschließlich mit **Samthandschuhen** angefasst werden, benötigen wir Regelungen die solche Frauen entweder finanziell bestrafen, psychologisch untersuchen oder gar in Zwangshaft einweisen. Eine Wegnahme des Sorgerechts wäre der letzte Schritt. Nur durch behördlichen Druck auf diese Frauen kann sich hier etwas ändern.
Beim Jugendamt xxxxxxxxx höre ich, ja wir wissen auch nicht weiter und die Eltern müssen sich einigen. Mit dieser Aussage kann ich nicht leben. Ich will es mit Profibeamten zu tun haben, die gesetzliche Rahmenbedingungen umsetzten.
Es geht hier um **GLEICHBERECHTIGUNG** zwischen Mann und Frau und vor allem um soziale sowie erzieherische Kinder-/Jugendentfaltung.
Wir hätten in Deutschland weniger Probleme mit Jugendlichen, die auf die schiefe Bahn kommen, wenn Vater und Mutter gleichberechtigt erzieherisch einwirken.
Bei über 213 000 Ehescheidungen pro Jahr sicher ein Punkt wo man ansetzen muss.
Immer mehr Männer drehen einfach durch, weil sie diese enorme psychische Last nicht mehr ertragen. Die Medien zeigen es uns jede Woche!

b) Unterhaltszahlungen

Wie auf der ersten Seite beschrieben, sehe ich meine eigene Tochter seit Jahren nicht mehr (ca. 10 Std.). Behörden und Gerichte sind überfordert und machen zu wenig. Dass ich jeden Monat xxxx Euro Unterhalt zahle plus xxx Euro Kindergeld an meine Frau fließen, da kann man ja sagen der Mann verdient halt gut. Ist ja ok für eine Frau zu zahlen, die Kindeserziehung macht.
Aber hier gibt es genügend schwarze Schafe die diese Situation ausnutzen und sich auf die faule Haut legen. Der Mann zahlt bis er finanziell platt ist. Der Gesetzgeber weiß das ganz genau und ändert daher die Gesetzeslage nicht, da auf ihn eine erhebliche Mehrbelastung zukäme. Aber auch hier ist die Lösung nicht so schwer, wenn die edlen Damen kein Geld mehr bekommen, dann gehen sie schon in die Arbeit. Ganz sicher!

Ich nehme hier die Frauen unter Beschuss. Es ist mir sehr wohl bekannt, dass es auch 10 - 15% gibt, wo Männer die Lackierten sind. Aber bei dieser Minderzahl kann ich doch die Sache beim Namen nennen, oder?!

Falls wir diese Sache in der BRD nicht in den Griff bekommen, dann macht es die EU in wenigen Jahren.

Diese Petition ist mein erster kleiner Schritt etwas an einer großen Ungerechtigkeit in Deutschland zu tun. Und ich werde kämpfen bis ich meine Tochter bei mir habe und sich etwas geändert hat. Ich liebe nämlich meine kleine xxxxx.

Mit freundlichen Grüßen

Name

Mediationsvertrag

Vertrag:

Zwischen ..., vertreten durch
.........(Vertragsgeber/Vertragsgeberin) und ....(Mediator)
als Vertragsnehmer/Vertragsnehmerin) wird folgender Vertrag
geschlossen:

§ 1 Vertragsgegenstand
Praxisberatung für:............................(Person/ Team)
Näheres regelt eine schriftliche Abrede zwischen den Parteien.

§ 2 Ablauf
Insgesamt sollen während der Dauer des Vertrages
............Sitzungen á ....Minuten Mediation durchgeführt
werden.

§ 3 Honorar
Die Vertragsnehmerin / der Vertragsnehmer erhält für jede
geleistete Stunde (60 Min) ein Honorar von ....€.

Das Honorar umfasst sämtliche, der Vertragsnehmerin / dem
Vertragsnehmer aus Anlass der Vertragserfüllung entstehenden
Aufwendungen, einschließlich Nebenkosten (insbesondere An-
und Abfahrt, etwaige Vor- und Nachbereitungsarbeiten).

Für die Versteuerung der vereinnahmten Honorarbeträge ist die
Vertragsnehmerin / der Vertragsnehmer selbst zuständig.
Anfallende Steuern gehen zu ihren / seinen Lasten.

§ 4 Vertragsdauer
Der Vertrag wird ab ....für die Dauer von höchstens xx
Monaten abgeschlossen.
Es werden drei bezahlte Probesitzungen vereinbart, während
dieser Zeit kann der Vertrag ohne Angabe von Gründen
beendet werden.

§ 5 Geheimhaltungspflicht
Der Mediator verpflichtet sich, Namen, Daten und sonstige Informationen, die ihr/ihm im Rahmen der vertraglichen Tätigkeit als Mediator bekannt werden, geheim zu halten.

Ort, Datum

_____

Vertragsgeber/ Vertragsgeberin

_____

Vertragsnehmer/ Vertragsnehmerin

Umgangsvereinbarung

Frau _____

Adresse _____

Herr _____

Adresse _____

vereinbaren für

Kind _____

folgende Umgangsregelung:

1. Regelmäßiger Umgang

_____ (Kindname)

hält sich an geraden Wochen / geraden Wochenenden / den Wochenenden / den Wochentagen _____ in der Zeit von _____ (Uhrzeit) bis _____ (Uhrzeit),

bei _____ (Elternteil) auf.

2. Ausgefallene Tage/Wochenenden

Jeder Elternteil hat pro Kalenderjahr das Recht, zwei Besuchstermine abzusagen. Die Absage muss frühzeitig erfolgen, gleichzeitig sind Ersatztermine zu benennen.

3. Festtagsregelung

Wenn eine gemeinsame Geburtstagsfeier für das Kind nicht möglich ist, wird dem Elternteil, der an dieser Feier nicht teilnehmen kann, am darauf folgenden Tag, unabhängig von der geltenden Umgangsregelung, die Möglichkeit gegeben, den Geburtstag mit dem Kind nachzufeiern. Den Geburtstag eines Elternteils verbringen die Kinder mit ihm gemeinsam und übernachten bei diesem. An den gesetzlichen Feiertagen Ostern, Pfingsten und Weihnachten, jeweils am (ersten/zweiten) Feiertag in der Zeit von _____ Uhr bis _____ Uhr, hält sich _____ (Name des Kindes) bei _____ (Elternteil) auf.

4. Ferienregelungen

Oster-, Pfingst-, Herbst, Winterferien

Die jeweiligen Ferien verbringen die Kinder im jährlichen Wechsel bei jedem Elternteil. Die Osterferien des Jahres _____ verbringen die Kinder beim Vater, die Pfingstferien bei der Mutter, das nächste Jahr umgekehrt u.s.w.

Die Sommerferien

Im Jahr _____ verbringen die Kinder die erste Hälfte der Sommerferien bei der Mutter, die zweite beim Vater. Im nachfolgenden Jahr umgekehrt.

5. Weitere Kontakte

Beide Eltern akzeptieren das Recht des Kindes, zum jeweils abwesenden Elternteil jederzeit telefonischen, brieflichen oder Kontakt über andere Medien zu pflegen.

6. Übergabe

_____ (Elternteil) ist verpflichtet, _____ (Name des Kindes) in angemessener Weise auf die Besuche vorzubereiten. _____ (Elternteil) ist verpflichtet, _____ (Name des Kindes) pünktlich zu den jeweils vorgenannten Terminen – witterungsgerecht gekleidet – für Urlaubszeiten mit ausreichender, witterungsgerechter Kleidung, Kosmetikartikeln, Lieblingsspielsachen in geringem Umfang etc. – zur Wohnung des/der _____ (Elternteil) zu bringen. _____ (Elternteil) ist verpflichtet, _____ (Name des Kindes) pünktlich zu _____ (Elternteil) zurückzubringen. Die Kosten für Hin- und Rücktransport des Kindes trägt der jeweilige Elternteil.

7. Änderungen

Entstehen in der praktischen Ausführung oder Abänderung dieser Vereinbarung Probleme mit den Kindern, Schwierigkeiten bei den Eltern oder entstehen bei der Interpretation einzelner Punkte dieser Regelung

unterschiedliche Auffassungen, so verpflichten sich beide
Eltern, sachverständigen Rat bei der Beratungsstelle/Jugendamt
_____ einzuholen und diese Empfehlungen zu
akzeptieren.

Ort, Datum, Unterschriften der Eltern

Wichtige persönliche Unterlagen für Sie:

- Geburtsurkunde

- Kranken- und Sozialversicherungsausweise

- Heiratsurkunde

- Personalausweis/Reisepass

- Zeugnisse

- Arbeitsvertrag

- Gehaltsbescheinigungen

- Lohnsteuerkarte

- Sparbücher

- Kontoauszüge

- Rentenunterlagen

Wenn die Kinder bei ihnen leben:
- Geburtsurkunden

- Kinderausweise

- Impfausweise

- Schulzeugnisse

- Sparbücher

Checkliste für Schwiegermütter

1. Ziehen sie nach der Heirat möglichst weit weg.
2. Kontakte auf ein Minimum reduzieren.
3. Streiten sie niemals mit der SM (steht nicht für Sado-Maso, sondern für Schwiegermutter).
4. Zeigen sie stets ein freundliches Gesicht.
5. Widersprechen sie der SM nicht.
6. Kleine Aufträge von Ihr sollten sofort erledigt werden.
7. Größere Aufträge mit einem befreundeten Handwerker ausführen, ohne dabei eine Rechnung zu stellen.
8. Geben sie Ihr bei der Kritik immer Recht.
9. Machen sie es so, wie sie es meinen aber sagen sie es Ihr nie.
10. Fahren sie mit der SM nie in den Urlaub.
11. Keine Einladung zum Übernachten geben.
12. Besuche auf ein Minimum begrenzen.
13. Bei Kindergeburtstag die SM einladen, weil dann wenigstens ihre Tochter/Sohn was davon hat (Geschenk).
14. Geschenke zwar annehmen aber immer sagen: "Das hätte es doch nicht gebraucht, liebe Berta (oder wie sie auch heißt).
15. Sollten sie es persönlich schaffen, drücken sie die SM, nehmen sie in den Arm oder geben Ihr sogar einen Kuss. Sie hat bestimmt schon längere Zeit keine Wärme gespürt und das tut Ihr gut. Das mag und braucht nämlich jeder Mensch.
16. Die SM hat leider auch Recht auf ihr Kind. Geben sie es Ihr, zu fest geregelten Zeiten. Maximal aber nur 2 Stunden in der Woche.
17. Schenken sie Ihr ein Bild von ihrer glücklichen Familie.
18. Pumpen sie die SM nie um Geld an. Sie sind dann immer der Schuldner und Versager.
18. Sollten sie mit Ihr streiten müssen, haben sie bereits verloren.
19. Dann Scheidungsfolgevereinbarung (siehe Buch Ende) mit ihrer Frau ausfüllen und abwarten was kommt!

Fallbeispiele

Wie Emotionen zur Gefahr werden können
Von Helmut

Anhand meines Beispieles möchte ich insbesondere die Väter ansprechen, die sich gerade in der prekären Situation befinden, dass es zur Trennung mit dem Lebenspartner gekommen ist und man(n) es zu meist mit der eigenen mentalen Situation nicht zum besten steht und man(n) sich eine neue Bleibe suchen muss. Erschwerend kommt hinzu, dass man(n) auf einmal sein Kind nicht mehr zu Gesicht bekommen darf und jetzt verständlicherweise die Nerven zum Zerreißen angespannt sind.
Der gerechte Zorn und seine Gefahren

Zur Vorgeschichte. Ich glaube, der erste Fehler den zumindest ich machte war, mich zu schnell in eine gut aussehende junge Frau zu verlieben.
Mein zweiter Fehler war es mich von meiner Freundin zu trennen mit der ich 15 Jahre zusammen war. Ich zog aus unserer gemeinsamen Wohnung aus und direkt zu dieser Frau. Um den Alptraum abzukürzen, sie wurde im selben Jahr schwanger und gleichzeitig ging die Beziehung zusehends in die Brüche. Wenn man das ganze metaphorisch betrachtet im wahrsten Sinne ein Schnellschuss. Nun war ich meiner Verantwortung durchaus bewusst und wollte mich nicht als angehender Vater davonstehlen, doch leider war uns beiden ziemlich schnell klar, dass die Beziehung in eine Katastrophe ausartete. Ich war dann schnell für die angehende Mutter abgeschrieben. Sie lernte einen anderen kennen der dann mit ihr während ihrer Schwangerschaft zusammen war. Später kam es leider noch besser, ich wurde von ihr per SMS Handy darüber informiert, das sie und das Kind wohlauf seien. Da war

das Kind schon eine Woche auf der Welt. Ich musste an die Worte ihrer Mutter denken. Es war in der Anfangszeit, an dem Ihre Tochter noch gar nicht schwanger war. Sie bemerkte so nebenbei, es wäre allgemein besser, dass wenn sich Eltern scheiden lassen, der Vater sich ganz aus dem Leben von Mutter und Kind heraus zu halten habe, damit sich die Mutter einen neuen Mann und Vater für das Kind suchen könne. Das Kind könnte den neuen Vater dadurch besser akzeptieren. Der leibliche Vater solle sich erst wieder sehen lassen, wenn das Kind das 18. Lebensjahr erreicht habe. Damals hätten schon meine Alarmglocken schrillten müssen. Denn wie die Mutter meist auch die Tochter. Es wurde grotesker. Ich erhielt das erste Schreiben Ihres Anwaltes wegen Unterhalt für die Mutter und das Kind.

Es ging darum, den Lebensunterhalt (Wohnung etc.) der Kindesmutter zu bezahlen. Ich ging ebenfalls zu einem Anwalt um eine gütige Einigung zu finden und auch endlich darum mein Kind zu sehen, was ich nie gesehen hatte. Die Schreiben des Gegenanwaltes wurden zusehends aggressiver. Eine Ahnung beschlich mich. Ich sprach mit einer Bekannten die in nächster Nachbarschaft zu meiner Ex wohnte. Meine Befürchtungen wurden von Ihr bestätigt. Der Gegenanwalt hatte eine Beziehung mit meiner Ex begonnen. Er, der mir ständig Steine in den Weg legte und der sogar vor Verleumdung nicht zurückschreckte hielt in seiner Freizeit mein Kind in den Armen und spielte Freizeitvater zusammen mit meiner Ex.

Aber das alles war mir eigentlich egal, ich war mental und finanziell auf Reserve und freute mich nur noch darauf endlich mal meinen Sohn zu sehen. Ich hatte mit Hilfe des Sozialamtes und der Caritas erreicht, ein beaufsichtigtes Treffen mit meinem Sohn in den Räumen der Caritas zu arrangieren.

Zwei teure Minuten die alles zum schlimmen Veränderten

Als der lang ersehnte Tag des Treffens anstand war ich bereits schon auf den Weg zur Caritas, da klingelte mein Handy. Es war der Sozialarbeiter der Caritas. Er teilte mir zu seinem bedauern mit, dass das Kind angeblich krank sei und die Mutter das Treffen auf unbestimmte Zeit verschieben müsse. Ich bin normalerweise ein besonnener Mensch der nicht ausrastet, aber jetzt war ich mir auf einmal meine Hilflosigkeit bewusst, hatte ich doch schon von Vätern mit ähnlichem Schicksal gehört die ihre Kinder auf diese Weise gar nicht mehr zu Gesicht bekommen. Die Zeit zu allem geschwiegen, steckte nur noch ein, nun wollte ich wenigstens verbal zurückschlagen und machte genau den Fehler, vor dem ich jeden von euch da draußen warnen möchte. Ich rief sofort und wutentbrannt meine Ex an und beschimpfte sie ca. 2 Minuten lang nach strich und faden. Ich war mir zwar bewusst, dass dies alles nichts hilft, doch wenn man sein Kind sechs Monate nicht zu Gesicht bekommen hatte und man vom Gesetzgeber keine Hilfe sondern nur Zahlungsaufforderungen für das Kind bekommt platzt einem der Kragen. Der Gegenanwalt hatte mich jetzt voll und ganz in der Tasche und eine Beleidigungsklage lag kurz darauf in meinem Briefkasten. Endergebnis. Es gab ein Gerichtsverfahren, in dem ich überraschender Weise das zweifelhafte Glück hatte eine Junge Vertreterin meines Anwaltes zur Seite gestellt zu bekommen. Sie hatte offenbar nicht genügend Erfahrung für dieses Verfahren und eine Ahnung beschlich mich, mein Hund hätte mich besser vertreten können.

Meine Junganwältin riet mir das Telefongespräch zuzugeben und die Gerichtskosten zu übernehmen, um damit eine angedrohte Strafanzeige wegen Beleidigung zu entgehen. Ich stimmte zu und gab das Gespräch zu. Ich wurde dazu verdonnert mich zu entschuldigen und weil der Gegenanwalt sehr großen Wert darauf legte, darf ich mich in Zukunft der Kindesmutter nur noch bis auf 50 Meter nähern.

Die Überraschung kam dann drei Wochen später. Ich war wirklich Sprachlos, denn entgegen der Aussage des Richters und meiner Anwältin flatterte doch noch ein Strafbefehl mit einer Gerichtsladung in meinem Briefkasten.

Die zweite Gerichtsverhandlung war rein formal und glich eher einem Exempel. Dem Richter war es egal, dass ich diese Kurzschlusshandlung aus Verzweiflung machte. Er nahm es nicht mal zur Kenntnis, dass ich meinen Sohn nie zu Gesicht bekommen hatte und die Angst, ihn nie jemals zu sehen. Ich kam mir ein zweites mal verhöhnt vor. Hatte ich mir zuvor nie etwas zu schulden kommen lassen. Er behandelte mich wie einen Schwerverbrecher und verdonnerte mich dann noch mal zu 750,00 Euro.

Das Geld ist nicht das schlimmste, sondern ständig die Angst der Willkür einer Frau ausgesetzt zu sein, die jetzt jederzeit behaupten kann, ich hätte irgend etwas Unrechtes getan. Zum Glück hatte ich wenigsten beim Jugendamt freundlich gesinnte Mitarbeiter, die diesem Gegenanwalt Paroli boten als dieser höchstpersönlich versuchte, beim Jugendamt gegen mich zu intervenieren. Er wollte erreichen, dass ich meinen Sohn nicht so oft zu sehen bräuchte. Die gerechte Strafe erhielt er aber dann doch. Ich hatte es schon am Anfang prognostiziert. Der Gegenanwalt hatte seine Aufgabe erfüllt und war damit für meine Ex nicht mehr von Interesse, sie gab ihm den Laufpass. Ich habe das Beste aus der ganzen Sache gemacht und mich zum Wohle meines Sohnes zusammen genommen und einen neuen Anfang gemacht. Ich wurde brav und passte mich an. So wie es diese feministischen Sozialarbeiterinnen gerne bei allen Männern wünschen (schwanzlos) Die Kindesmutter erklärte sich dann endlich bereit, unseren Sohn regelmäßig zu den beaufsichtigten Umgangstreffen mit zu bringen Ich bin auch regelmäßig zu den Treffen bei der Caritas gekommen und habe mit meinen Sohn spielen dürfen. Man kann alles ertragen und erdulden wenn einen sein Kind anlächelt, das entschädigt für alles. Der begleitete Umgang hatte auch etwas Gutes. Ich wurde durch ein schriftliches Gutachten der Caritas als guter Vater bezeichnet. Diese Aussage war wie Salbe für meine Reputation. Es ist sehr schlimm wegen einer verbalen Entgleisung gleich mit richtigen Gewalttätern in eine Kiste geschmissen zu werden. Man wird als Gewalttäter abgestempelt und auch so behandelt.

Ich bin jetzt glücklich meinen Sohn regelmäßig und ohne Beaufsichtigung zu sehen. Wut und Emotionen versuche ich kontrolliert in Gutes umzusetzen, um mit zu helfen, dass sich etwas in diesem Land für uns Väter zum Positiven verändert. Wie heißt es so schön, alle Macht dem Volke und das besteht nicht nur aus Frauen.

Meine Erfahrung mit dem Recht
Von Stephan

Mit der Zeit wurde das Gefühl immer stärker, dass da etwas nicht ganz stimmen kann. Die Ahnung, dass da etwas Ungreifbares, Dunkles und nicht Gutes gegen einen arbeitet. Nie hatte ich was mit dem Jugendamt zu tun, während der Ehe nicht und auch nicht Jahre nach der Scheidung. Wieso auch, es gab keinen Grund dafür. Ich hatte eine Vereinbarung mit meiner Ex-Frau für ein gemeinschaftliches Sorgerecht im Falle einer Scheidung und Verzicht auf Unterhalt, wie gesagt wir kamen beide aus gut betuchtem Hause. Als die Zeit der Trennung kam, nannte Sie mir jedoch folgende Gründe, wieso wir das gemeinsame Sorgerecht nicht machen sollten.

- Wenn sie wegziehen möchte, könnte sie das nicht ohne mein Einverständnis
- Sie könnte das Kind nicht in irgendeinen Kindergarten oder Schule geben ohne meine Unterschrift
- Wenn das Kind krank wäre und operiert werden müsste, bräuchte sie mein Einverständnis

Das waren für mich plausible Gründe – Blind, dumm und gutgläubig war ich. Zitat:„Verzicht auf Unterhalt?" Ich kann mich nicht erinnern, das gesagt zu haben. Hast Du das schriftlich?" So kam die Scheidung, nur Umgangsrecht für mich. alle 14 Tage, Samstag 14:00Uhr bis Sonntag 18:00h. Aus der Verantwortung, Kindesunterhalt zu zahlen, wollte ich mich nicht drücken. In den darauf folgenden Jahren gab es ein Up and Down zwischen uns. Hatte sie einen Freund, war alles OK. Hatte sie keinen, war ich an allem Schuld. Ich zog wieder zu meinen Eltern ins Haus und die beste Zeit zwischen uns, war als wir beide keinen Partner hatten. Wir gingen zusammen weg, wir übernachteten bei uns gegenseitig, wir gingen zusammen in Restaurants. Um mit dem Studium endlich fertig zu werden, hatten wir ein Agreement, dass sie für einige Zeit auf den Kindesunterhalt verzichtet. Finanzielle Sorgen hatte sie nicht und ich betreute unseren Sohn. Eine Freundin von ihr arbeitete beim Jugendamt und außerhalb des Amtes wurden Tipps und Tricks auf dem Kosmetikstuhl ausgetauscht um doch an Geld zu kommen. Das Jugendamt meldete sich und übernahm die Eintreiberrolle mit dem Verweis auf meine Unterhaltspflicht und falls das Geld nicht reichen würde, müsse ich einen zweiten Job annehmen. Auf meinen Einwand hin, dass ich studiere und das unser Sohn sowieso nur bei mir ist und die zusätzliche Arbeitszeit gegen die Betreuungszeit ginge, sagte man mir, meine Ex-Frau habe das Sorgerecht, da muss halt das Kind anderswo untergebracht werden. Ich erwiderte, dass ich eine Liste habe, die aufzeigt, dass mein Sohn seit Jahren bei uns im Hause ist und ich schließlich vorher immer gezahlt habe, nur diese Zeit eben nicht. Es dauerte 1 Stunde, dann rief meine Ex-Frau an und verweigerte mir den Umgang mit meinem 10-jährigen Sohn, mit der Begründung, dass bei uns zuhause Listen geführt wurden. Danke Jugendamt. Dieses Amt blieb extrem hartnäckig und versuchte beim Finanzamt, danach bei den Banken den KU zu pfänden. Als meine neue Freundin und ich nach der Geburt meines 2. Sohnes beim Jugendamt für das gemeinsame Sorgerecht einen Termin bei genau der einen Sachbearbeiterin hatten, gingen mir zum ersten Mal in meinem Leben die Augen so richtig auf. Diese Sachbearbeiterin versuchte 2 Mal hintereinander hartnäckig meine Freundin davon zu überzeugen, das gemeinsame Sorgerecht doch bitte nicht zu unterschreiben. Sie gäbe nur ihre Rechte weg. Das waren genau die gleichen Begründungen die meine Ex-Frau mir 10

Jahre zuvor auch nannte. Zufall? Nein! Wir wissen im Übrigen jetzt von zwei weiteren Fällen aus unserem Bekanntenkreis wo das Jugendamt erfolgreich die Frau überzeugen konnte das vorher abgesprochene gemeinschaftliche Sorgerecht nicht zu unterschreiben. Mit ganz genau diesen Begründungen. Eine Beziehung ging aus diesem Grund zu Bruch. Mich würde interessieren, wie viele andere Paare es noch gibt. Das Jugendamt indes gab nicht auf, die Rückstände einzutreiben und drohte mit dem Gerichtsvollzieher. Unter dem großen Druck blieb mir nichts anderes übrig, als das Studium im Diplomsemester zu beenden und als Student ohne Abschluss zu arbeiten.

In 1000 Km Entfernung fand ich eine gut bezahlte Arbeit als freier Mitarbeiter. Ich verließ mein Elternhaus, meine Freundin, meinen zweiten Sohn, der 6 Monate alt war, meinen älteren Sohn, um alleine wegzugehen. 6 Monate stotterte ich den Rückstand vom Jugendamt ab und zahlte brav Kindesunterhalt an meine Ex-Frau, die sofort den bisherigen Umgang zu meinen Eltern wieder herstellte. Alles war wieder wie vorher. Aber dem Jugendamt ging die Ratenzahlung von 2500.- Euro Rückstand nicht schnell genug. Immer wieder wurde ich angeschrieben und bedroht. Nach einem halben Jahr war ich total ausgepowert. Ich war am Ende, meine Beziehung zu meiner Freundin stand auf der Kippe, weil wir uns nie sahen. Ich hauste mit 7 anderen Leuten in einer Wohnung und wir teilten uns eine Küche mit 3 Stühlen, ich hatte kein Privatleben. Dann verließ ich auf beidseitigem Einverständnis die Firma und ging nach Hause. Das Glück und der finanzielle Puffer hielten nicht lange, obwohl mein großer Sohn schon fast bei uns wohnte und wir für alle seine Unkosten aufkamen – wollte sie temporär, solange bis ich eine neue Arbeit in der Gegend finde, auf den Kindesunterhalt nicht verzichten. Es kam zum Streit, als ich 2 Monate des Kindesunterhaltes im Rückstand war und sie entzog mir das Kind das 2. Mal bedingungslos. Um Vorzubeugen, dass das Kind jemals wieder bei uns ist, versuchte sie ihn sogar in eine Ganztagesschule zu stecken. Zu dieser Zeit kam er fast jeden Tag mittags von der Schule zu uns und blieb bis abends teilweise 20:00 Uhr. Der Grund, warum er Montags nicht kam, war, weil er da den ganzen Tag Schule hatte. Freitag wurde er von der Schule geholt und er blieb bis Sonntagabend. Und auf einmal durften wir ihn nicht mehr sehen? Dem Jugendamt und allen anderen Institutionen war diese Liste egal – schließlich hatte meine Ex-Frau das Sorgerecht. Wir nahmen uns einen guten Anwalt, der erklärte uns, dass wir im Recht seien. Er versuchte eine außergerichtliche Einigung zu finden und sprach über mehrere Tage verteilt mit ihr. Dann plötzlich Erfolg, man hat sich geeinigt. 3 Tage später, wollte sie sich an eine Einigung nicht mehr erinnern. Er erklärte uns weiter, dass sie eine Verzögerungstaktik anwende, wir sollten schnell handeln.

Auch das Jugendamt verwies nur auf das Familiengericht. Aber wir resignierten, als wir erfuhren, dass mein Sohn bei Gericht gehört werden muss. Das wollten wir nicht. Und weil wir das nicht wollten, machte das Jugendamt weiter Druck. Der Versuch mit meiner Ex-Frau zu sprechen resultierte in Einem, lass es sein, ich habe Recht, ich habe das Sorgerecht, das ist mein Kind und ich werde alles gegen Dich verwenden. Meine baldige Frau, mein 2. Sohn und ich sind nun aus Deutschland weggezogen, ich kann mein Diplom nachholen. Wir haben eine neue Zukunft. Mein 1. Sohn ist jetzt wieder so wie immer bei meinen Eltern zuhause. Kindesunterhalt fließt wieder an die Ex-Frau. Ihrer Meinung nach, kann sie das Kind hin tun wo sie will, auch wenn das Kind nicht bei ihr wohnen würde, müsste ich an sie zahlen. 4 Tage später erzählte mir mein 1. Sohn am Telefon, Mama hätte einen neuen Freund, jetzt sei er wieder nichts mehr Wert und abgeschrieben. Ich solle aber nicht traurig sein, bei uns (jetzt nur noch meine Eltern) gefällt es ihm doch am Besten. Und er ist froh nicht bei ihr sein zu müssen. Da fehlen einem die Worte. Was für einen Beweis braucht man mehr, als dass diese Frau nur das Geld aber nicht das Kind will. Und niemand auf der Welt hilft einem wirklich. „Ich habe das alleinige Sorgerecht und das Sagen." Über die ganze Zeit, versuchte sie unsere Familie zu tyrannisieren und ihre Macht auszuspielen. Das hat lange Zeit funktioniert und Narben bei uns allen hinterlassen.

Schon mit 2,5 Jahren stand mein Sohn Sonntag morgens um 6 Uhr auf, machte sich Kelloggs, um dann bis mittags fernzusehen, meine Ex-Frau schlief zu dieser Zeit, alleine war sie nie (in 10 Jahren hatte mein Sohn über 10 verschiedene Partner von ihr zu ertragen darunter Schläger, Zuhälter, Drogenkonsumenten und (echte) Alkoholiker, bei mir waren es 2 Frauen, eine davon werde ich jetzt heiraten). Für ungestörte Wochenendparties schob sie unseren Sohn an ihre Mutter oder bevorzugt an meine Eltern ab. Ich durfte ihn nicht bekommen, da ich nur Umgangsrecht hatte.

Mit 5 Jahren klärte meine Ex-Frau ihn auf, weil er ihr heimlich beim Sex zugeschaut hat. Resultat: Er versuchte den ganzen Kindergarten zu begatten – klingt lustig, war aber nicht so.
Bis zum 7 Lebensjahr küsste mein Sohn und meine Ex-Frau sich mit der Zunge.

Obwohl das mein Sohn des öfteren starke Bronchitisanfälle hatte, verweigerte sie Antibiotika und verabreichte ihm homöopathische Globolis. Resultat: Er bekam leichtes Asthma.
Meine Ex-Frau schob das Kind immer öfters ab, alle Wochenenden und teilweise auch unter der Woche war das Kind bei uns. Mit der Einschulung erweiterte sich das dann noch auf alle Ferientage und die kompletten Ferien. Kindesunterhalt und bis zu 90% aller anfallenden Kosten des Kindes wurden trotzdem von uns (meine Eltern und mir)

übernommen. Wenn sie was brauchte, rief sie an und wir sind gesprungen es zu kaufen.

Als er 8 Jahre wurde, zog ich in das Familienhaus meiner Eltern zurück um mehr von meinen Sohn zu haben – Multigenerationen Haus.

Mit 10 Jahren versuchte sie ihn mit Magnetfeldfeldern zu heilen. Resultat: Keines -selbst Heilsteine verweigerten ihren Dienst.

War er bei uns, wurde er schnell gesund, war er zuhause wurde er wieder krank. Mein Sohn durfte auch an Zeremonien beiwohnen bei denen Bilder von mir verbrannt wurden, um meine "schlechten" Energien aus der Wohnung zu verbannen.

Dann mit 10 Jahren verweigerte sie abrupt den Umgang mit meinem Sohn aus Angst sie könnte ihren Unterhaltsanspruch verlieren – Auslöser war Kindesunterhalt, Streit und das Jugendamt. Mit 11 Jahren versuchte mein Sohn das Rauchen anzufangen, meine Ex-Frau meinte: Sie könne es ihm nicht verbieten.

Während der ganzen Zeit sprach mein Sohn sich darüber aus, er würde gerne zu mir ziehen. Auch sie sagte mir mehrmals, sie wolle das Kind nicht, es solle zu mir. Wir hatten 3 Anläufe für ein gemeinschaftliches Sorgerecht. Sie lies alle 3 Anläufe platzen und wollte sich an das Besprochene nicht erinnern. Sie sagte mir: "Ich werde Dir niemals Kindesunterhalt zahlen!"

Dann der 2 Streit und Kindesentzug, Auslöser: Rückstand Kindesunterhalt für 2 Monate.

Sie erzählte meinem Sohn, sie habe Recht und ich würde lügen. Er müsse nur lernen, der Mama mehr zu vertrauen.

Sie erzählte ihm, sie würden bald auf der Strasse leben, weil Papa kein Kindesunterhalt zahlt.

Er hatte Angst sich bei mir zu melden, da sie ihn sofort anschreien würde
Es wurde jeglicher Kontakt in irgendeiner Weise verweigert und verboten.
Vor dem Kinderpsychologen gestand sie ganz offen: Kind gegen Geld. Ich sagte: "Das sei Erpressung!" Sie antwortete:" Ja, das ist es." – Der Kinderpsychologe versuchte den Hintergrund für diese Aussage zu analysieren ging aber auf den Inhalt und die Tragweite nicht ein– Was für eine Ironie.

Ich wurde auf das gesetzlich zugesicherte Umgangsrecht reduziert, alle 2 Wochen von Samstag 14:00 Uhr bis Sonntag 18:00 Uhr, durfte ich ihn sehen, trotzdem schob sie das Kind in dieser Zeit weiter ab. Diesmal halt an andere Leute. Mein Sohn musste zuschauen wie sein Vater gedemütigt wurde, er wurde durch sie in einen Loyalitätskonflikt gebracht. Sie erzählte meinem Sohn alles aus Sicht ihrer Seite – während wir seit Jahren versuchten, die junge Kinderseele da rauszuhalten. Es wurde versucht, Familienbanden die sich über Jahrzehnte aufgebaut haben zu zerstören, aus niederen Beweggründen und zur persönlichen Bereicherung mit Hilfe von Ämtern. Keiner hat mir geholfen, keiner hat mir einen Rat gegeben. Ich hatte das Gefühl gar nicht wahrgenommen zu werden. Man nahm mir mein Kind einfach so weg und ich hatte Angst, große Angst. In dieser gesamten Zeit von fast 10 Jahren hat meine Ex-Frau ungefähr 6 Monate keinen Kindesunterhalt bekommen und ich möchte mich nicht aus der Verantwortung herausnehmen. Aber Recht haben und Recht bekommen, das sind 2 Paar Schuhe.

Väter verlieren immer!

"Tut mir leid, vielleicht bin ich ja hier fehl am Platze, aber ich muss irgendwo meinen Frust loswerden. In aller Kürze: **Ich bin Anwalt**, mache hauptsächlich Familienrecht und habe gestern ein Sorgerechtsverfahren vor dem OLG verloren. Einige von den in diesem Link gegeben Tipps habe ich selber verwendet (größtenteils finde ich sie wirklich sehr gut). Genutzt hat letztlich alles nichts.

Obwohl sich der 10-jährige Sohn meines Mandanten dafür entschieden hat, bei seinem Vater, meinem Mandanten bleiben zu wollen, hat das OLG die Sorge auf die Mutter übertragen. Ich will das hier nicht alles genau wiedergeben: Tatsache ist jedenfalls, dass beide Eltern zu Erziehung und Betreuung gleich gut geeignet waren. Den Ausschlag gab dann letztlich die Tatsache, dass die Mutter eben die Mutter ist. Ich vertrete einige Väter, aber langsam bin ich zu dem Ergebnis gekommen, dass die Väter keinen Anwalt brauchen können. Ich habe wirklich mit viel Engagement und viel Sachverstand gearbeitet. Genützt hat es nichts. Zum ersten Mal komme auch ich zu dem Ergebnis, dass Väter keine Chance bei Sorgerechtsprozessen haben, weil sie eben Väter sind. Obwohl es angeblich keinen natürlichen Vorrang der Mutter gibt, dient er tatsächlich als Argument. Kinder gehören zur Mutter, es sei denn, der Vater übernimmt die Mutterrolle. Was für ein Schwachsinn! Letztlich kann man als Anwalt da nur resignieren. Ich kann doch meinen männlichen Mandanten nicht guten Gewissens raten, das Sorgerecht zu beantragen. In der Regel, ernten sie doch allein deshalb Vorwürfe, weil sie überhaupt wagen es zu beantragen. Also kann man allen Vätern nur raten, sich rechtzeitig mit der Mutterrolle zu befassen, falls sie ihre Kinder behalten wollen. Das heißt aber bitteschön auch, dass sie nicht den ganzen Tag einfach arbeiten gehen und ihre Kinder alleine lassen.

Ach was soll's'! Falls irgendjemand noch eine Idee hat, was sich gegen den natürlichen Vorrang der Mutter einwenden lässt, teile er mir dieses bitte mit.

"Hallo!

Nett, dass Sie mir geantwortet haben. Tut mir leid, dass Sie es nicht geschafft haben. Aber was Sie schreiben, bestätigt mich letztlich nur in meinem Frust. Mit der Geschwistertrennung läuft das ganz einfach so, dass sie nur dann als Argument herangezogen wird, wenn sie ein bestimmtes gewünschtes Ergebnis stützen soll. Bei meinem Fall war es doch genau umgekehrt. Der 9-jährige Sohn wollte unbedingt zum Vater, die 13-jährige Tochter zur Mutter. Bis zum Sach-verständigengutachten bin ich gar nicht erst gekommen. Für alle war doch sonnenklar, dass ein 9-Jähriger zur Mutter muss. Natürlich kommt da eine Geschwistertrennung nicht in Betracht. Der Kleine hat so geweint, dass ich bald selber angefangen hätte.

Vielleicht brauchen Väter Anwälte, die sie unterstützen, aber manchmal weiß ich nicht, was dass noch bringen soll. Wir haben hier im Bezirk einen Anwalt, der sich damit brüstet, noch nie ein familienrechtliches Verfahren verloren zu haben. Jetzt habe ich rausgekriegt, dass er noch NIE einen Vater in einem Sorgerechtsstreit vertreten hat. Hätte ich meinem Mandanten nicht auch vorher sagen müssen, dass er sowieso keine Chance hat??? Ich hab wirklich alles Menschenmögliche getan und diese "netten" OLG-Richter haben mich doch tatsächlich für meine Schriftsätze (insgesamt bestimmt 20) hoch gelobt und den Gegenanwalt wegen seiner Unsachlichkeit gerügt und verloren haben wir doch!

Kann ich es als Anwältin wirklich vertreten meinem Mandanten zu einem Sorgerechtsverfahren zu raten? Ich kann mich jedenfalls nicht damit brüsten, noch nie ein Verfahren verloren zu haben. Ich verliere am laufenden Band und kann folglich auch nicht einfach doppelte Gebühren verlangen. Und dann behandeln einen die Richter zuweilen auch noch, als wäre man überflüssig und würde das Verfahren eigentlich nur behindern. Ich bin ganz sicher, dass hinter den niedrigen Streitwerten in Sorgerechtsverfahren der Gedanke steht, dass sich die Anwälte hier nicht "unnötig" einmischen sollen. Tatsache ist, dass an einem Sorgerechtsstreit spätestens nach dem zweiten Schriftsatz nichts mehr verdient ist. Eigentlich pervers, wenn man sich überlegt, dass die elterliche Sorge für ein Kind im Verbundverfahren gerade mal 7500 € wert sein soll. Na ja, vielleicht verstehen Sie jetzt die Anwälte auch ein bisschen.

Allerdings muss ich zugeben, dass ich neulich einmal Erfolg hatte und eine 1,5-jährige Tochter entgegen(!!) dem Sachverständigengutachten zu ihrem Vater gebracht habe. Die Mutter war Alkoholikerin, drogenabhängig und ihr neuer Freund hat das Kind nachweislich misshandelt. Na, wie habe ich das gemacht?

Klar können Sie die Mail in ihre Seite aufnehmen. Vielleicht ist es nicht übel, wenn die Betroffenen auch mal mitkriegen, wie ohnmächtig man sich als Anwalt fühlen kann.

Und im Zweifelsfall den Anwalt wechseln. Es hat gerade in Familiensachen absolut keinen Wert, wenn man kein Vertrauen zu seinem Anwalt hat. Und legen Sie nicht zuviel Wert auf die Fachanwaltsbezeichnung. Die Frage des Sorgerechts kommt in den Kursen zum Fachanwalt praktisch nicht vor.

Viel Glück!

PS: vom Autor. Ich habe dieses Fallbeispiel ins Forum von Papa.com reingelegt und es wurde im September 2005 fast 600-mal gelesen. Und die Kritiken dazu waren herzergreifend.

Im Gesetz liegt der Mann begraben
Von Donato

Wie steht es um den Stellenwert der Männer in unserer Gesellschaft und Gesetzgebung in Deutschland. Es ist doch immer wieder dasselbe, erst wenn man selbst betroffen ist, in meinem Fall als Miterzeuger eines Kindes wird man unfreiwillig in ein Karussell gezogen aus der man selten mit heiler Haut heraus kommt. Vater werden ist nicht schwer, Vater sein dagegen sehr. Dieser Spruch bezieht sich auf die oftmals schwierige und verantwortungsvolle Aufgabe ein Kind nicht nur zu zeugen sondern es auch zu erziehen ihm Liebe und Halt zu geben.

Hätte man mir vor Jahren erzählt, dass so was in Deutschland kein Einzelfall, sondern gängige Praxis ist, ich hätte ihn für verrückt erklärt. In Deutschland in dem doch maßgeblich tolerante Männer es den Frauen erst ermöglichten sich in einer männergeprägten Gesellschaft zu emanzipieren und zu Etablieren.

Was also, haben die Männer falsch gemacht, dass sie jetzt in ihren Rechten als Väter unterdrückt werden? Die Emanzipation der Frau frisst ihre Männer.

Ein guter Freund, der als nervenstark ausgeglichen und überaus freundlich bekannt ist (Softi) erzählte mir, dass er Angst hätte von der Sozialhelferin, deren Aufgabe es war, die Umgangverhältnisse zwischen ihm und der nicht mit ihm verheirateten Mutter seines Kindes schriftlich zu dokumentieren. Diese Sozialhelferin hörte sich beide Parteien an und glaubte augenscheinlich nur der Mutter. Er als Vater wollte nur ein Mitspracherecht für seinen Sohn. Doch anstatt einer neutralen Bewertungsabgabe wurde an ihm von dieser Sozialhelferin eine latente Gewalttätigkeit vermutet. Die Wahrscheinlichkeit wäre hoch, dass er bei einem Konflikt mit der Mutter sich dazu verleiten könnte, sie zu schlagen. Man muss leider zur Mutter sagen, dass sie als Mädchen von Ihrem Vater vergewaltigt wurde und wahrscheinlich daraus herrührend bei geringsten Auseinandersetzungen ausrastete, so dass eines Tages die Nachbarn von Ihrem Geschrei die Polizei allarmierten. Das allerschlimmste für meinen Freund war, dass obwohl die Mutter keinerlei Verletzungen aufwies, die Polizisten nur Ihn als Übeltäter ins Visier nahmen. Obwohl er beteuerte, er habe sie nicht angerührt wurde er wie ein Verbrecher abgeführt und musste mit auf die Wache.

Oder in meinem Fall.

Wie kommt es, dass ein um Hilfe suchender Vater der kein Geld hat, deshalb zu einer kostenlosen Beratungsstelle am Frankfurter Gericht geht um sich beraten zu lassen und auf einmal einer Anwältin gegenübersitzt, die ihn mit der Aussage herunter macht, er habe keine Rechte als Vater und sich vom Kindergarten seines Kindes fern zu halten habe, sonst bekäme er ernsthafte Schwierigkeiten. Diese Anwältin verströmte so ihre Feindseeligkeit. Man hatte den Eindruck sie hat nur studiert, um den Männern eine auszuwischen. Leidgenossen erzählten mir von ähnlichen Erlebnissen.

In der Vergangenheit waren es zumeist Frauen, die wegen ihres Geschlechtes einen schlechteren Stellenwert hatten. Frauen und Männer hatten ihre Rollen in der Gesellschaft. Mütter hatten Haushalt und Kinder zu versorgen. Der Vater war zum Geldverdienen da oder durfte für sein Vaterland als Kanonenfutter herhalten. Mutter versorgte die Kinder mit Nahrung und Erziehung. Der Vater hatte durch die Arbeit in der Fabrik etc. nicht viel Zeit mit den Kindern etwas zu unternehmen und hatte dadurch nicht die Gelegenheit sie richtig kennen zulernen. Er war die Autorität des Hauses und mehr für das Bestrafen zuständig.

Es scheint, dass diese Rollenverteilung von Mutter und Vater in der Familie aus jener Zeit kamen, als unser heutiges Rechtsystem und dessen Gedankengut mit übernommen wurde.

Auch heute ist nicht alles gerecht verteilt, Frauen werden bei Karrierefragen meisten weniger berücksichtigt als Männer. Eine wichtige Mitarbeiterin die, wenn es darauf ankommt vielleicht schwanger werden kann und sich zu einen Kostenfaktor entwickelt, wird leider immer ein Risiko bleiben. Im Umkehrschluss gibt es immer mehr Männer die gerne als Hausmänner die Kinder versorgen möchten und auf eine eigene Karriere verzichten. Wenn der Staat auch mehr die Kinderbetreuung fördern würde, wie zum Beispiel in Frankreich, wo man ein Kind schon mit einem Jahr in eine Krabbelstube bringen kann. Das würde die Frau für den Arbeitsmarkt wieder attraktiver werden lassen. Aber der Staat hat bisher erfolgreich alles boykottiert was finanziell und strukturell eine Basis schaffen könnte, die es einen Bundesbürger ermöglicht, eine Familie zu gründen und dadurch einen Zusammenbruch des Generationsvertrages zu verhindern. Diesbezüglich ist der Spruch:„Das Kind ist bereits in den Brunnen gefallen „ schreckliche Realität geworden.

Kein Wunder, wenn selbst gestandene Juristen von einer Ehe selbst mit Ehevertrag abraten. Auch die in unserem Rechtstaat tolerierte Rechtsbeugung durch Kindesentzug von Müttern gegenüber den Vätern bringt immer mehr junge Männer von einer Zukunftsplanung als Vater ab, da sie eher dadurch abschreckt werden und von einer Familieplanung Abstand nehmen. Das ist die schreckliche Realität mit der sich ein Mann gegenübersieht, der bereits den Fehler begangen hat ein Kind mit einer Frau zu zeugen, die den Vater eher als Samenspender mit finanzieller Absicherung sieht. Warum sollten Frauen risikoreiche Aktien erwerben. Die Vateraktie sichert staatlich garantierte Gewinne? Die endlose Geschichte der männerdiskriminierenden Gesetze. Im Mittelalter gab es männerdiskriminierenden Gesetze und manche bestehen bis in unsere Zeit. Da ist z.b. der Paragraph (§ 175 StGB-Deutsch.)

des deutschen Strafgesetzbuchs. Dieser existierte vom 15. Mai 1871 bis zum 10. März 1994. Männer, die bei homosexuellen Handlungen überführt werden, können mit 1 bis 4 Jahre Freiheitsentzug bestraft werden. homosexuelle Männer wurden im 3. Reich verfolgt, bekamen einen rosa Wimpel an die Brust und wurden ins KZ gesteckt. Im Gegensatz zu den Menschen jüdischen Glaubens und politisch Inhaftierten, erhielten sie nach dem Krieg keine finanzielle Entschädigung und Wiedergutmachung für die erlittenen Qualen, wurden von Gesellschaft und Gerichten ignoriert. Gewalt und Ungleichheit in der Gesellschaft Im Jahre 1991 wurden nach einer Opferstudie des Kriminologischen Forschungsinstitutes Niedersachsen festgestellt, das in der BRD insgesamt ca. 1,59 Mio. Frauen und 1,49 Mio. Männer mind. einmal Opfer physischer Gewalt in engen sozialen Beziehungen waren. Der Bericht belegt, dass Opfer häuslicher Gewalt nahezu gleichhäufig Männer und Frauen sind. Deshalb gibt es in jedem Bundesland Frauenbeauftragte und Frauenhäuser, aber bis heute nichts Vergleichbares für Männer, warum? Seit den 70er haben Jungs es in der Schule schwerer als Mädchen. Es fehlen ihnen die männlichen Vorbilder, obwohl sie bewiesenermaßen bei männlichen Lehrern bessere schulische Leistungen erzielen, gibt es hauptsächlich nur Lehrerinnen in Grundschulen. Wir Väter möchten einem Richter, Sozialarbeiter oder Dipl.- Pädagoge gegenübersitzen, der nicht ultra feministisch ist und der objektiv die Interessen des Kindes vertritt. Ein meiner Freunde hat seinen Jungen das letzte mal mit 9 Jahren gesehen und erst wieder mit 18. Keiner gibt beiden diese verlorene Jahre zurück. Der Junge will heute nichts mehr mit seiner Mutter zu tun haben. Wie lange noch toleriert unsere Gesellschaft solch unmenschlichen Grausamkeiten?

Leben zerstörende Gutachten

oder

die unsichtbaren Helfer der kinderfeindlichen Familiengerichte
von Grigori

Vorgeschichte

So beendete meine „Ehefrau" nach 2 Jahren und 4 Tagen unsere „Ehe". Es wurde danach stichhaltig bewiesen, dass diese, vor der Eheschließung in Russland lebende Frau, mich, den in Deutschland lebenden Mann, nur dafür heiratete, um samt ihrer Tochter nach Deutschland umsiedeln zu können.

Weil ich von der Geburt an die Hauptbezugsperson für das Kind war, sprach mir das Amtsgericht-Familiengericht zuerst das Aufenthaltsbestimmungsrecht und dann das alleinige Sorgerecht für das Kind zu.

Auf die Beschwerden der Kindesmutter ändert ein Oberlandesgericht alle Entscheidungen des Amtsgerichtes ab. Ein solches Handeln vieler Familiengerichte ist wohl bekannt. Ihnen sind die Interessen der Frauen wichtiger, als die Interessen der Kinder. Um dies zu erreichen fährt das Oberlandesgericht (OLG) den wohlbekannten taktischen Weg: Das Verfahren in die Länge ziehen und schließlich die Situation mit den Argumenten Kindeswohl und Kontinuitätsprinzip zu zementieren.

Zuerst werden die Kontakte des Vaters mit dem Kind stark reduziert (2 Stunden alle zwei Wochen unter Aufsicht). Dann wird ein Dipl.-Pädagoge (!) beauftragt, ein kinderpsychologisches (!) Gutachten zu erstellen.

Als ich den Name des „Gutachters" erfahre, fordere ich meinen Rechtsanwalt auf, diesen abzulehnen. Der Mann ist schließlich weit und breit dafür bekannt, dass er uneingeschränkte Voreingenommenheit allen Männern gegenüber hegt. Aber es ist unmöglich, einen vom Gericht bestimmten Sachverständigen abzulehnen. Der Mann schreibt deswegen genau das, was das Gericht von ihm erwartet. Schließlich will er auch den nächsten Auftrag bekommen und so – absolut risikolos – sein Leben finanzieren.

Ergebnis: Mein in Deutschland geborener Sohn hat hierzulande nur ein befristetes Visum (ich habe doppelte Staatsangehörigkeit), lebt in einem Hochhaus von der Sozialhilfe (ich hatte ein eigenes Haus und arbeitete als Ingenieur) usw.

Ich würde es begrüßen, dass der „Sachverständige" XY mich anklagt, aber ich kann lange davon träumen: Das Risiko, eine so gute Geldquelle zu verlieren, ist für ihn viel zu groß.

Offener Brief

Hallo „Sachverständiger!",

neulich ist mir beigefügter Zeitungsbericht in die Hände geflattert. In diesem geht es darum, wie ein unqualifizierter, offensichtlich machtsüchtiger „Sachverständiger" durch eine Fehldiagnose das Leben eines Mitmenschen zerstört hat.

Beim Lesen dämmerte es mir, dass so etwas in meinem Leben auch vorgekommen ist: „Sachverständiger" XY aus Erkrath. Dieser Mann gleicht seine fehlenden Kenntnisse in der Kinderpsychologie durch enorme Voreingenommenheit gegen alle Väter aus, lügt, verdreht die Worte, verbiegt die Wahrheit, erstattet Gefälligkeitsgutachten. Und dadurch befolgt er nur die Erwartungen seiner „Arbeitgeber". Kinder und ihre Zukunft sind ihm gleichgültig. Soviel bekannt ist, wurde von ihm noch kein qualifiziertes „Gutachten erstellt, das den gesetzlichen und rechtlichen Erfordernissen entspricht! Es ist in Fachkreisen bekannt: Seine Gutachten dienen einzig allein seinem eigenen Konto.

Sie können mich gerne vom Gegenteil überzeugen oder durch die Staatsanwaltschaft überzeugen lassen. Es wird wohl kaum gelingen. Tun Sie es nicht innerhalb von zwei Wochen nach

Erhalt, gehe ich davon aus, dass Sie dieser Erkenntnis zustimmen und nur zu feige sind, dieses auch öffentlich bekannt zu machen – wie ich es mit diesem offenen Brief und weiteren Aktionen tue.

In diesem Fall verlange ich, dass Sie das (Privat)schreiben von der Vertreterin des Jugendamtes Frau X. beifügen (hat sie nicht etwa geschrieben, dass der „Sachverständiger" XY die Worte verdreht und gelogen hat?), wie auch die Gegengutachten (waren das nicht gerade sechs?) in welchen einstimmig stand: der „Sachverständiger" hat keine einschlägigen Kenntnisse. Ist voreingenommen, seine Schlussfolgerungen sind schlicht falsch. Auch die Befragung beim Oberlandesgericht (OLG) würde ich erwähnen, als Ihr ominöses Gutachten regelrecht auseinandergepflückt wurde.

Übrigens mache ich Sie darauf aufmerksam, dass ich diesen Brief als einen offenen Brief betrachte. Die Gesellschaft erfasst langsam, was in diesem Land den Scheidungskindern angetan wird und wer die kinderfeindlichen Familiengerichte dabei unterstützt. Zu den letzten gehören auch solche „Sachverständigen" wie Sie: Dipl.-Pädagoge XY aus Erkrath.

Mit der Ihnen gebührenden Achtung.

Schlusswort

Ich habe genug geschrieben, hier einige Zitate:

Mit Geiselnehmern, die Kinder zur Geisel nehmen, wird nicht mehr verhandelt - wenn die Geisel nicht frei kommt.

Mein Hass und meine abgrundtiefe Verachtung gilt allen "Müttern", die ihren Kindern das andershälftige Liebste nehmen, was diese haben - den Papi!

Um aber nicht ganz kaputt zu gehen und mir meine Lebensfreude zu bewahren, sage ich auch den Familienvernichtern:
Leckt mich! Von mir gibt es keinen Cent mehr für euer schändliches Tun.

Die Wahrheit ist fast überall unbeliebt!

Wach auf Deutschland und mach endlich was!
Peter Strawanza
Bayern im Mai 06

Impressum

Die Ohnmacht der Väter
Wie deutsche Frauen ihre Männer abzocken
Erstausgabe: 15. Dezember 2005
3. Auflage: Mai 2006
Internetseite:
www.dieohnmachtdervaeter.de

Bestellung/Vertrieb:
eipi-Werbung+Kommunikation
Derbystr. 5
85276 Pfaffenhofen
Tel. 08441 / 719 44
Fax 08441 / 821 66
e-mail: peter@strawanza.de

ISBN: 3-00-017761-2
Verkaufspreis als Taschenbuch: 12,50 Euro
Versand in der BRD: 2,- Euro
Autor: Peter Strawanza

Lektorat: Franz Huhn

Cover/Titelfoto: Thomas Huber

Zeichnungen: Donato Romanazzi
Vielen Dank an alle Mitwirkenden.